安徽省县域耕地地力评价与施肥管理【蚌埠市淮上区卷】

ANHUISHENG XIANYU GENGDI DILI PINGJIA YU SHIFEI GUANLI

崔　伟◎主编

安徽师范大学出版社
·芜湖·

策划编辑：罗季重　李镜平
责任编辑：童　睿
责任印制：郭行洲
装帧设计：丁奕奕

图书在版编目（CIP）数据

安徽省县域耕地地力评价与施肥管理·蚌埠市淮上区卷/崔伟主编．—芜湖：安徽师范大学出版社，2014.12

ISBN 978－7－5676－0889－4

Ⅰ.①安…　Ⅱ.①崔…　Ⅲ.①区（城市）—耕作土壤—土壤肥力—土壤调查—蚌埠市　②区（城市）—耕作土壤—土壤评价—蚌埠市　③区（城市）—施肥—管理—蚌埠市　Ⅳ.①S159.254.3　②S158　③S147.2

中国版本图书馆CIP数据核字（2013）第296554号

安徽省县域耕地地力评价与施肥管理·蚌埠市淮上区卷

崔　伟　主编

出版发行：安徽师范大学出版社

芜湖市九华南路189号安徽师范大学花津校区　　邮政编码：241002

网　　址：http：//www.ahnupress.com/

发 行 部：0553－3883578　5910327　5910310（传真）　E－mail：asdcbsfxb@126.com

印　　刷：安徽芜湖新华印务有限责任公司

版　　次：2014年12月第1版

印　　次：2014年12月第1次印刷

规　　格：787×1092　1/16

印　　张：6.5　插　页：16

字　　数：153千

书　　号：ISBN 978－7－5676－0889－4

定　　价：15.00元

《安徽省县域耕地地力评价与施肥管理》丛书编辑委员会

主任委员：张华建

副主任委员：王　华

委　　员（以姓氏笔画为序）：

丁祖芬　王　华　王　丽　王　林　田　杰　刘　枫

刘武峰　许　诺　孙善军　李克森　杨生华　吴新德

何　方　邱宁宁　汪根法　张华健　张自立　张俊侠

张毅宾　罗晓辉　郑向阳　胡荣根　赵建勋　钱国平

钱晓华　柴文北　郭熙盛　常　江　章力干

《安徽省县域耕地地力评价与施肥管理·蚌埠市淮上区卷》

主　　编：崔　伟

副 主 编：田小赛

主要撰写人（以姓氏笔画为序）：

田永恒　朱家顾　迟海辉　吴文虎　沈　雨　周　瑶

徐金堂

前　言

土壤是农业生产的基地，也是农业生产的基本生产资料。它既是人类赖以生存和发展的最基本的物质基础，又是一切物质生产最基本的源泉。耕地是土地的精华，是人们获取粮食及其他农产品不可替代的生产资料。土壤是一种十分重要的自然资源，土壤资源正在供养着这个发展中的世界。我们必须保护土壤资源，要因地制宜地进行合理的农、林、牧布局，注意生态平衡。因此，我们应特别清楚地认识到，耕地资源对农业生产的发展，对人们物质水平的提高，乃至对整个国民经济的发展都有着巨大的影响。

蚌埠市淮上区作为农业大区，一直以来，农业种植水平总体不平衡，肥料的施用不合理，耕地质量“底子”基本不清。同时，因区划调整，怀远县梅桥乡、固镇县曹老集划入淮上区，使全区耕地质量动态变化及趋势无法掌握。为了贯彻落实《基本农田保护条例》，切实加强耕地质量保护，在第二次土壤普查的基础上，淮上区依照全国测土配方施肥补贴项目的总体要求，对区内耕地地力进行调查与评价。此次调查与评价采用现代信息技术，查清淮上区耕地基础生产能力、土壤肥力状况、土壤障碍因素，分析研究耕地退化原因，为我国粮食发展规划、农业结构调整与规划、耕地质量保护与建设、耕地改良与利用、科学施肥，以及节水农业、生态农业提供科学依据，促进农业可持续发展。

需要说明的是，本书所用的绝大部分资料都是2011年以前的，2011年后，部分资料和数据有所变化，请读者注意。

目　录

第一章　自然条件与农业概况

蚌埠市淮上区（以下简称“淮上区”）成立于2004年3月，位于淮河中游北部，淮北平原南缘，东与五河县沫河口镇和固镇县王庄镇接壤，北与固镇县新马桥镇毗邻，西与怀远县魏庄镇和五岔镇相连，南以淮河为界与蚌山区、禹会区隔河相望，属暖温带半湿润季风气候区。淮上区国土总面积231.53 km^2，其中城区规划面积30 km^2，辖4个乡镇、1个街道，总人口20.57万。

第一节　自然条件

一、淮上区概况

2004年3月，蚌埠市委、市政府为拉开城市发展框架，实施跨河发展战略，在淮河以北、老城区对岸组建成立了淮上区。淮上区南邻淮河，是蚌埠市重要的水源涵养地，生态环境良好。区内曹老集、梅桥两乡镇交界处的“三汊河”万亩自然生态湿地为国家级湿地公园，是淮河流域中保存较好、几乎未受污染的自然湿地，仍处于原始状态的芦苇绵延几千米，保持了原生态的自然风貌，魅力独具。

淮上区历史文化底蕴深厚，留存有丰富的文物古迹和名胜。位于小蚌埠镇双墩村境内的双墩新石器遗址距今7 300年左右，比半坡遗址早1 000多年，比河姆渡遗址早300多年，是目前淮河中游地区已发现的年代最早的新石器时代文化遗存。该遗址中发现的陶器刻画符号已具有表意的功能，是中国文字起源的重要阶段性特征。

淮上区处于北京至福州、上海至西安高速公路的交汇处，与合肥、徐州、宿州、阜阳、淮北、淮南、南京、滁州形成了一小时经济圈。现已建成的北京至上海高速铁路，蚌埠是重要的中转站，区内还拥有曹老集铁路货运站和淮河货运码头，其地理区位及交通优势极为优越。

区划调整以来，全区上下居弱图强，围绕把淮上区建设成为“跨河发展的新城区、城市功能的拓展区、重点产业的承载区、城乡一体的示范区”的目标，奋力拼搏、狠抓落实，工业化、城市化和农业产业化进程不断加快，实现了由艰难起步到快速发展的重大转变，主要经济发展指标三年翻一番，五年翻两番，谱写出了绚丽多彩的动人篇章，使这块古老而又年轻的土地发生了沧桑巨变。

2010年，淮上区地区生产总值26.12亿元，财政收入2.70亿元，全社会固定资产投资58.37亿元，实际引进市外资金49.28亿元，规模企业发展到98家，农民人均纯收入达5 518元，全区各项工作步入了全市先进行列。2010年被国家人口计生委授予“国家级计划生育优质服务区”，成为皖北首个国家级先进区；被省委、省政府授予“全省平安县区”、“全省农村组织建设先进县区”、“全省信访工作优秀单位”等荣誉称号；连续5年荣获全市招商引资先进单位；连续4年荣获全市全民创业先进单位；连续3年荣获全市综合目标考核优秀单位；连续2年荣获金融生态良好县区等荣誉称号。

工业园区经济总量不断壮大。截至2010年底，累计入驻企业124家，其中投产企业79家，规模以上企业58家，园区企业实现产值38.30亿元，同比增长50%，占工业总产值的51.10%，形成了机械制造和汽车配件、环保设备、纺织服装等三大主导产业。惠利公司、瑞丰制衣和城市药业等企业产值首次突破亿元大关。

商贸物流园区快速推进。累计入驻项目16个，2010年完成投资7.01亿元。通成国贸广场、路桥日用品批发市场一期、江淮汽车4S店、天辰医药等项目投入运营；海通医药物流中心、皖北钢材市场、海吉星农产品物流园等大市场项目相继开工。园区市场交易活跃，全年实现交易额达30亿元，带动周边就业人数达2 500余人，蚌埠第三大商圈初具规模，辐射集聚能力明显增强。

城乡面貌不断改善。按照“一河五个功能分区”的发展规划，扎实推进城市规划区内基础设施建设，同时加快推进新农村建设。2009年，投资5.47亿元建成解放北路、朝阳北路、淮上大道拓宽、双墩路等道排工程及八大集、山香路等18条乡村道路。2010年，投资9.78亿元开工建设18条道路，以及89.60万平方米廉租房和安置房。目前，淮上区共建成9个农民新村，安置群众达5 700多户。区内“四纵五横”交通路网骨干框架基本形成，51个行政村全面实现“村村通”。

忆往昔岁月峥嵘，看今朝踌躇满志。古老的淮上大地已经迸发出强烈的现代气息。经过几年的辛勤耕耘，淮上区已经由一片白纸变为美丽的图画，进入了加快发展的新阶段，大开放、大建设、大发展的光明前景令人鼓舞。“雄关漫道真如铁，而今迈步从头越。”我们将继续坚持以科学发展观为指导，以无畏的精神、必胜的信念，以改革促开放，以开放促发展，淮上区的明天将更加绚丽多姿、繁荣昌盛。

二、土地资源概况及治理情况

淮上区地处北淝河下游，地势平坦低洼，地面高程在17.50 m以下的洼地约170 km^2，占全区总面积的73.42%。土地按利用现状分类，可分为农业用地、建设用地和未利用地三大类。农业用地包括耕地、园地、林地和其他农用地，总面积160.29 km^2，占土地总面积的69.23%，其中耕地137 km^2，占土地总面积59.17%；建设用地67.84 km^2，占土地总面积29.30%；未利用地主要位于沿淮湖泊的洼地，总面积3.41 km^2，占土地总面积1.47%。

淮上区农业用地开垦利用的空间已很小，随着经济的发展，其他建设占地是不可避免的。但是，农业用地面积可通过利用土地整理和复垦来达到动态平衡。

2006年以来，淮上区按照“集中连片、规模开发、一年一个点、两年一条线、三年连成片”的原则，共实施了6期土地治理项目，涉及梅桥乡苗台、华圩、梅桥、淝南、吕巷和曹老集镇路西居委会、淝光、清河、周台等11个行政村，涉及人口4.32万，总投资2 333.50万元，疏浚大中小沟渠107条，完成土石方78.70万 m^3，新建村砌渠27.46 km，新建及维修桥涵闸1 416座，新建及更新电灌站5座，新建及维修砂石路31.52 km，建设农田林网53.33 hm^2，植树14.87万株，治理及改造中低产田2 520 hm^2。

三、气　候

淮上区自然条件优越，位于淮河中游北部、淮北平原南缘，地处东经117°14′~117°22′、北纬32°57′~33°05′。属暖温带半湿润季风气候区，季风明显，气候温和，日照充足，无霜期较长，光、热、水资源比较丰富。一般年降雨量850~950 mm，年平均降雨量874.21 mm，降雨量年际年内变化大，年内降雨主要集中在6至9月份，约占全年降雨量的70%以上；年平均气温15.1℃，年平均地温17.6℃，≥10℃年均积温4 891.4℃；相对湿度73%；最大冻土深度小于15 cm。

四、水文地质及水系

（一）水文地质

淮上区境内地形平坦，土层深厚。根据含水层组的介质，地下水为松散岩类孔隙水，主要含水层岩性为粉细砂、细砂、亚砂土、粉砂、中粗砂、中细砂。松散岩类孔隙水储存在由第四系（Q）和上第三系（N）等松散土体组成的含水层组中，松散岩类的厚度一般在20~200 m，自南向北有2~4个含水层分布。按照地下水的埋藏条件、水力性质、各含水层之间的水力联系、分布以及区内的水文地质条件，可分为浅层含水层组和深层含水层组。

勘探资料表明，各含水层之间不同程度地存在着水力联系。第一含水层与第二含水层之间，沿淮一带（距离淮河2 km左右），两含水层间的黏性土（弱透水层）厚度一般小于5 m，局部为亚砂土相连，因而水力联系较为密切；远离淮河，黏性土厚度逐渐增加，一般在5~10 m，局部厚15 m，水力联系不密切甚至微弱。

第二含水层与第三含水层之间，两含水岩组之间的黏性土厚度较薄，一般小于5 m，局部黏性土缺失，砂层相连通，水力联系密切；北部黏性土略有增厚，一般不超过10 m，由于结构较致密，水力联系较微弱。

第三含水层与第四含水层之间，含水层组间的黏性土厚度一般在1~5 m，黏性土的结构致密，透水性差，因此水力联系不密切；仅黏性土缺失地段局部有一定水力联系。

第二含水层与第四含水层之间，由于受下覆基岩断裂的制约，在淮河和洛宁高速公路之间的大部分区段缺失中、下更新统，导致两个含水层直接接触，两含水层之间的黏性土厚度一般小于5 m，水力联系较密切。

可以看出：松散岩类孔隙含水岩组的第一含水层分布广泛，与下覆第二含水层之间仅在沿淮附近局部地段有水力联系；第二、第三、第四含水层均分布在淮河以北，且相互之间均有不同程度的水力联系。

储存在不同含水层组的松散岩类孔隙水在补给、径流、排泄条件上有较大的差异，第一含水层直接接受降水入渗和地表水体的补给，其水力性质为潜水，地下水的循环较快，与地表水体之间的水力联系密切，地表蒸发是主要排泄途径。第二、第三、第四含水层不直接接受降水入渗和地表水体的补给，其水力性质为承压水，地下水的循环较慢，与地表水体之间不发生水力联系，越流、侧向径流和开采是其主要排泄途径。

综上所述，储存在浅层含水层组（第一含水层）中的浅层地下水，与储存在深层含水层组（第二、第三、第四含水层）中的深层地下水具有较大差异，深层含水层组的含水层（第二、第三、第四含水层）之间在水力性质、补给、径流、排泄条件上具有明显的相似性。

（二）水　系

淮上区境内的河流主要有淮河和北淝河。淮河在境内长19.72 km；北淝河在境内长22.90 km，全区均属北淝河下游水系。淮上区境内无较大湖泊，一般在上下级河流交汇低洼处，常受干流顶托，内水积聚成湖，主要有三汊河、钓鱼台湖、黄马沟等。

淮河中游重要的大型控制工程蚌埠闸坐落在淮上区境内。闸上流域面积121 000 km^2，距上游的涡河口5.50 km，距下游的吴家渡水文站9.20 km，距下游的洪泽湖出口175 km。工程由节制闸、船闸、水力发电站、分洪道和扩建工程组成，是一座大型水利枢纽工程，具有蓄水、灌溉、航运、发电、供水、公路交通等综合效益。主要调蓄上游来水，正常蓄水位17.50 m，相应库容2.76×10^8 m^3，死水位15.50 m，相应库容1.43×10^8 m^3。蚌埠闸上地表水是淮南和蚌埠两市的城镇生活、工业生产，以及农业灌溉的主要水源。

北淝河下游是淮河干流的一级支流，河床较浅，河底高程在12.10～11.50 m，两堤距离在100～190 m。枯水期（11月至次年4月）河道内基流量很小，北淝河闸上最低水位12.10 m，一般在13.50～15.50 m，正常蓄水位为14.50～15 m，河面宽80～130 m。正常水位情况下，河槽蓄水量很小，汛期水位变化主要是由流域性降雨形成的。

（三）水资源特征

1. 降雨径流时空分布不均，年际变化大

淮上区年最大降水量与年最小降水量相差3倍多，多年平均年内最大月降水量与最小月降水量之比达8.30，汛期6月至9月降水量约占全年的70%；径流年内年

际分布与降雨基本一致，但年内集中程度和年际变化程度更甚于降水。由于现有水利工程和湖泊洼地的调蓄能力不足，缺乏以丰补枯的有力措施，水资源的供需存在一定矛盾。

2. 过境水量较丰富，来水分布不均，有效利用难度大，有利用潜力

由于过境水量主要集中在汛期，水量大，但无法利用；干旱年份过境水量较少，加之上游地区水资源闸控系统的拦蓄、开发利用，致使特枯年份的枯水期来水减少，而汛期大水成灾，枯水期水资源匮乏或水污染严重，供需矛盾有进一步扩大的趋势。

3. 地下水分布较为丰富，易开发利用

淮上区地势平坦，滨临淮河，浅层地下水、中深层孔隙水的含水层和补给条件均较好，使得地下水资源较为丰富，且易开发利用。

4. 人均、亩均占有当地水资源量低，水资源开发潜力小

淮上区人口密集，受蓄水工程限制，境内地表水资源利用潜力小，尤其是干旱年地表水资源更加匮乏，人均占有水资源总量不足500 m^3，亩均水资源不足600 m^3，当地水资源开发潜力小，属水资源贫乏地区。

五、地形地貌与成土母质

淮上区属淮北平原的南缘部分，地形平坦。沿淮地区土壤母质主要是近代黄泛沉积物，堆积地形沿淮分布，呈东西向弯曲的带状，微向北倾斜，为第四系全新统（Q4）之淮泛堆积物。褐黄、浅黄色的亚砂、粉砂、细砂及亚黏土，组成淮河河漫滩地形。其厚度不一，主要受地形、地貌条件和河流泛滥堆积能力大小的控制。由南向北、自西而东逐渐增厚，从数米到十几米，标高18～20 m。沿淮吴小街、小蚌埠等乡镇全都分布在该地区。北部地区土壤母质为黄土性古河流冲积物，此类沉积物分选作用不明显，多为中壤—黏壤土。

六、植　被

淮上区的植被处在温暖带落叶阔叶林与亚热带落叶常绿阔叶混交林的交界地带，植物类型较复杂，并且有明显的过渡特征。由于人为活动频繁，自然植被被破坏，现有林木全系人工栽培，主要乔木树种有黑松、马尾松、火炬松、侧柏、刺柏、臭椿、麻栎等，次生灌木丛有山槐、芫花、枸杞、野蔷薇等。村庄附近及道路两旁树种多为苦栎、大观杨、法梧、刺槐、旱柳、泡桐、白榆、雪松、龙柏、广玉兰、重阳木等；草坪植被主要为绊根草、天鹅绒草、沿阶草、结缕草等。

七、土壤类型

淮上区土壤具有明显的区域地带分布规律。土壤受地形、地貌、水文、气候以及人为因素的综合影响，种类繁多，分布复杂。根据全国土壤分类，淮上区耕作土壤共分为4个土类，10个亚类，18个土属，29个土种。

（一）潮　土

潮土是淮上区的主要土类之一，分布在沿淮平原地区。潮土仅有黄潮土一个亚类，是在近代黄淮沉积上受地下水的影响，经旱耕熟化发育形成的。主要分布在沿淮平原地区，四个乡镇均有分布，梅桥乡、小蚌埠镇、吴小街镇居多，曹老集镇集中在南部。潮土盐碱化现象不明显。潮土因土壤形成的绝对年龄和相对年龄均较短，土体未见聚集石灰结核，全剖面有强烈的石灰反应。

1. 形成特点

（1）沉积物性质及其分选作用。黄潮土在形成过程中受沉积物性质的影响很大。黄河、淮河水流中含有大量泥沙，多系黄土性物质，富含碳酸钙，因此黄潮土剖面都有强烈的石灰反应。河流在泛滥过程中，沉积物的分布受沉降规律的支配，即主流经过的地方地势高，流速大，主要沉积砂质颗粒，离主流较远、地势渐低并趋于平缓，主流分散成许多支流，流速减小，沉积粉状颗粒下沉。因此，黄潮土以其颗粒组成不同分成三个土属，即砂土、两合土和淤土。

（2）潮化作用。地下水对黄潮土的形成作用大致有下面三种情况：①受地形的影响。地形变化影响地下水的分布，黄潮土分布于沿淮平原地区，从大的地貌单元看，地形平坦，但实际上沿河岸向外倾斜。砂土区地势高，地面高程 20 m 左右，地下水位较低，一般在 2 m 以下；淤土区地势最低，地面高程 15 ~ 17 m，地下水位1 m 左右；两合土介于两者之间。地下水对砂土的影响较小，对两合土及淤土的影响较大。②沉积的组成影响地下水的作用。砂土颗粒大，毛管空隙弱，非毛管空隙发达，毛管作用影响地下水向上运行，大大削弱地下水对土壤形成的影响，土壤中氧化作用占优势，铁、锰的迁移量很小；淤土含大量的黏粒物质，毛管空隙发达，通气空隙较少，毛管空隙被大量定向排列的综合水充斥，水分的活动性极差，通透性不良，土壤中还原作用占优势，铁、锰的移动量较强，淤土剖面中常发现有锈纹、锈斑和极少量的铁锰结核；两合土毛管空隙和非毛管空隙兼而有之，地下水上下运行频繁，氧化还原作用交替进行，土壤剖面下部也常有较多的锈斑或少量铁锰结核。③土体构型对地下水参与土壤形成过程也有很大影响。黄潮土土体的非均质性很普遍，土体夹砂、夹黏，尤其夹淤层对水分运行的阻隔作用很大。如果夹淤层部位低，厚度小，阻隔作用弱，或没有影响。淮上区淤身、淤心、淤底的砂土、两合土的夹淤层都很厚，对水分运行有很大影响。

（3）旱耕熟化作用。淮上区黄潮土地区的耕作制度以麦豆轮作为主，兼种杂粮、蔬菜及经济作物。经常调换作物茬口、灌溉、排涝、耕作、施肥等都是黄潮土主要的熟化方式。区内兴建了许多骨干排涝工程，采取了许多防洪措施，效益显著，对排除积水，减少灾害和降低地下水位都发挥积极作用。

2. 基本性状

黄潮土有砂土、两合土及淤土三个土属，各土属由不同粒级的颗粒组成，土壤质地在很大程度上决定了土壤的基本性状。

（1）砂土。砂土含沙量最高，颗粒最大。淮上区砂土质地是砂壤土，耕地土壤中没有飞砂土和泡砂土。砂壤土物理砂粒含量约 80% ~90%，物理黏粒含量约 10% ~20%。淮上区砂土虽然具有较好的质地，但仍具有砂土的普通性质。砂土疏松，孔隙大，通透性强，保水保肥能力差，胶结力弱，耕作容易；土壤热容量小，升温、降温快，昼夜温差大；砂土由于矿物组成、比表面积小及表面化学活性弱等特点，土壤全量磷、钾含量较高，其他养分较贫乏；土壤代换量很低，约 5 ~7 m · e/100 g 土；砂土的有效养分多以自由状态存在，有效性高，多余养分不被土壤吸持，常随雨水或灌溉水淋失，表现在发小苗不发老苗。

（2）淤土。淤土和砂土相反，淤土黏粒含量高，颗粒最细。淮上区的淤土质地是重壤土至重黏土，物理性质含量约 45% ~85%，物理砂粒含量约 15% ~55%。土壤毛管空隙发达，通气空隙发育微弱，水分的活动性较差，通透性不良。雨后水分下渗缓慢，形成湿时“一团糟”；旱时，又因土壤收缩严重，而形成“一把刀”。因淤土既怕旱，又怕涝，沦水严重，所以淮上区在淤土上种植水稻，一直不能大面积推广。淤土水多时黏着力大，干燥时内聚力大，适耕期很短，耕作费力，耕作质量不好。淤土的潜在肥力很高，有效性低，多表现发老苗不发小苗。淤土的绝对含水量很高，凋萎系数也高，但有效水含量较低。

（3）两合土。两合土的颗粒组成介于砂土和淤土之间，砂黏比例适中。淮上区两合土的质地是轻壤土至中壤土，物理砂粒含量约 70% ~80%。两合土的通透性、保水保肥及耕作性能都较好。由于毛管作用强，白天表土水分部分蒸发，夜间深层水沿毛管上升予以补充，土壤有夜潮现象，因此群众又称两合土为夜潮土。两合土适种作物广泛，产量高，而且稳定，最受群众欢迎。

（二）砂姜黑土

砂姜黑土是我省淮北地区的主要土类之一，在淮上区分布的面积较小，主要分布在曹老集镇中北部的路东、路西居委会，曹郢、南郢、周集等村。

1. 形成特点

（1）脱潜作用。砂姜黑土是由沼泽草甸土逐步脱潜发育形成的，成土母质为黄土性古河流沉积物。在沼泽化时期，土壤为水分饱和，其全剖面处于还原状态。兴修水利，地下水位下降，沼泽化逐渐为草甸过程取代。草甸化时期地下水位继续下降，还原层相应降低，还原的强度逐渐减弱，此时进入脱潜过程而发育为砂姜黑土。砂姜黑土分布区地势低洼，地下水位约 1 ~1.50 m，地下水积极参与土壤的形成过程。砂姜黑土有两个基本层段，一是腐泥状黑土层，二是潜育砂姜层。湖地排水条件差，土壤内部易形成较强的还原条件，有利于有机质的积累和还原性物质的产生，形成腐泥状黑土层。经长期旱耕熟化，黑土层逐渐分化成颜色较浅的耕作层和犁底层，原黑土层被埋藏在表土层以下。

由于淮上区地下水位长期处于下降趋势，土壤下层的氧化还原条件不断得到改善，还原态铁猛逐渐氧化，锈纹、锈斑及铁锰结核等新生体不断形成，土壤形成过程逐渐由地域性向地带性方向演变。

（2）黏化作用。砂姜黑土的黏化作用很明显，土壤中有很厚的黏盘层，有的自耕层起，多半始于心土层。黏盘层向下伸展多深尚不清楚。黏粒来源很复杂，一是河流沉积物，二是原生矿物分解成次生矿物。砂姜黑土下层黏粒含量高于上层，黏盘层的黏粒含量约30%～40%。

（3）砂姜形成。砂姜黑土母质含有大量石灰，随着脱沼和地下水位下降，石灰淋溶过程逐步增强，但在土体下部受阻，逐渐聚集成石灰结核，小结核聚成大砂姜，在土壤中积累起来。淮上区砂姜的体积从几毫米到数厘米不等，形状各异，多在球状、埋葬深度一般在70 cm。

（4）熟化过程。耕作制度逐步完善对加快砂姜黑土熟化起很大作用。淮上区秋末至次年夏初雨水较少，是小麦最适宜的生长期，一般都能获得较好收成。夏季雨水较多，常发生涝灾或渍害；秋季作物不能保证丰收，田间杂草丛生。因此，湖地土壤过去荒芜现象比较严重。对砂姜黑土来说，如气候比较干旱，更能发挥其生产潜力。随着水利条件的改善，现在夏秋作物都能获得较好收成。复种指数不断提高，有利于加速土壤熟化过程，其他熟化措施如施肥等和区内所有旱地土壤基本相似。

2. 基本性状

（1）砂姜黑土酸碱度呈中性至微碱性，pH为7～8，从表土向下pH值有升高的趋势，没有石灰反应。

（2）土壤质地比较黏重。质地级别跨度较小，反映土壤颗粒组成比较均匀。耕层重壤土，耕层以下轻黏土，尚未发现有过分黏重的土层存在。

（3）土壤养分含量比其他土壤都高。耕层有机质含量在1.45%以上，全氮超过0.10%，熟化层厚度大于20 cm，其他养分含量均较高，土壤的潜在肥力很大。

（三）水稻土

水稻土也是淮上区的主要土类之一，四个乡镇均有分布。梅桥乡和小蚌埠镇偏少，梅桥乡主要分布在淝北、淝南、周口村，小蚌埠镇主要分布在吴郢、徐岗村，曹老集镇和吴小街镇分布较广泛。

1. 形成特点

（1）氧化还原过程。氧化还原过程是水稻土形成最基本的特征。稻田灌水后，耕层及犁底层的上部水分饱和，呈现还原状态。犁底层紧实板结，有滞水作用，水分渗透速度缓慢。心土层水分不饱和，土壤处于氧化状态。这种氧化还原状况的剖面分析，给还原淋溶和氧化淀积创造了条件。淮上区水稻土表层颜色较浅，呈紫棕色，并有较多的铁锰结核聚集，说明表土层铁锰在淹水期间被还原，淋溶到心土层氧化沉淀，形成大量的锈纹、锈斑及铁锰结核。淮上区水稻土铁锰淋溶比较深，在底土层甚至也大量出现，是因为区内水稻土发育于黏盘黄棕壤及其他黏质土壤的较多。这些土壤土体内部有很厚的黏盘层，黏粒含量很高，土壤通透性很差，氧化还原电位底，还原态铁锰能穿过心土层，到底土层氧化淀积。这是淮上区水稻土形成的地区性特征之一。

淮上区水稻土是实行水旱轮作制，约有三分之二的时间不灌溉，土壤大部分时间成氧化状态，大大延缓了水稻土发育的速度。

（2）有机质积累过程。水稻土在淹水期间有机物分解缓慢，有利于有机质积累，因此水稻土的有机质含量相对比旱地土壤高。

（3）黏粒的聚集和流失。土壤黏粒的流向有两种途径：一是向下淋失，上部土层的黏粒随渗漏水流向心土层；另一种是通过地表径流流失。据统计，串灌水中固体物质含量为每升 1.50～1.70 g，比一般灌溉水高。而这两种情况淮上区都有，前一种是土壤黏粒的主要流向，使心土层和底土层聚集大量黏粒，形成很厚的黏盘层；后一种情况也很严重，区内水稻土多分布在丘陵地区，地面坡度较大，地面径流和串灌普遍发生，表土层黏粒大量流失。

（4）物质迁移过程。水稻土在淹水条件下处于还原状态，铁锰被还原，呈低价铁锰向下淋溶，在心土层或底土层氧化沉淀。铁锰易还原，铝不发生移动，在原土层积聚起来。所以，水稻土表层的铁铝比心土层高。浅育层铁锰还原淋失量大，铁铝比可能更高，因此水稻土剖面铝铁比是衡量水稻土发育程度的重要标志。

铁锰移动，减少对磷的固定，提高磷的活动性，磷向下移动。由于亚铁、亚锰离子增加，土壤胶体上的一部分吸附态的离子如 Ca、Mg、K、Na 等被置换出来，从而增加 Ca、Mg、K、Na 的淋失，这种现象对水稻土肥力产生不好影响。淮上区水稻土磷、钾含量低，一方面与水稻土母质的性质有关，另一方面还与铁锰及盐基大量淋失也有很大关系。

2. 基本性状

（1）水稻土土壤养分含量及有效性相应地比旱地土壤高。在水耕过程中，土壤和团聚体分散在液相中，由于一系列生物化学过程，某些养分的有效性增高，大大提高了土壤有效养分含量，增强了土壤养分供应能力。水稻土耕层在淹水时呈还原状态，嫌气微生物大量繁殖，但水稻根际周围的土壤环境仍为好气过程，好气微生物可利用嫌气微生物分解的产物，缓解了对水稻生长的危害。水稻土的渗透性促使水稻环境不断更新，所有这些都为水稻生长创造良好的土壤条件，这就是水稻作为高产作物的土壤学基础。

（2）淮上区水稻土因地形、耕作制度和具有黏盘层等因素的影响，水稻土发育较弱，保持母质特性比较明显。地势高，地下水位低，淹水时间短，水稻土形成发育中的各种矛盾如氧化和还原、淋溶和沉积等过程主要在上部土层进行，形成淹育型水稻土或表潜型水稻土，土体构型为 A－C、A－P－B－C、Ag－C 型等，当然也形成一部分潴育型和潜育型水稻土。

（3）由于地形、气候和串灌的影响，淮上区大部分水稻土都有黏粒流失现象，白土化过程很强烈。有些水稻土如白马肝田等，耕层质地仅为轻壤土，粗粉粒含量很高，作为水稻土对栽秧和中耕除草都十分不利。

(4) 水稻土的理化性质和原母质的特征比较接近，如发育于下蜀黄土的水稻土，磷钾含量比较低，微碱性，pH 为 7~8。由于淮上区水稻土有机质含量比较低，土壤结构不良，耕性一般比旱地土壤差。

（四）棕 壤

棕壤是暖温带湿润半湿润地区的地带性土壤，成土母质为黄土性古河流沉积物。淮上区淮河北岸平缓岗地上有零星分布，面积 169.07 hm^2，约占全区耕地面积的 1.20%，主要分布在丁岗、徐岗、太平岗、八大集一带。

1. 形成特点

(1) 黏化作用。淮上区地处北亚热带过渡向南暖温带地区，夏季高温多雨，冬季低温干燥，四季分明，雨水充沛，土壤的化学风化、物理风化及生物风化能常年持续进行，大量原生矿物分解呈次生矿物，土壤的黏化作用相当强烈，土体内形成深厚的黏盘层，可谓是“黏盘棕壤”。

(2) 沉积物覆盖作用。淮上区的潮棕壤处于黄潮土的包围中，部分潮棕壤被沉积物覆盖。有的覆盖层很薄，有的覆盖层厚度达 8~25 cm，根据土壤分类原则应划分成新的土种。

(3) 熟化作用。淮上区的棕壤分布区以旱耕熟化为主，多种植小麦、杂粮及经济作物，土壤耕作方式、施肥、水等灌溉条件大致与黄潮土区相同。

2. 基本性状

淮上区棕壤的基本性质与我国北方沿海地区的棕壤有所不同。山东及辽东半岛的棕壤土表面呈微酸性，向下酸性增强。淮上区棕壤微呈碱性，向下酸度略有上升。此外，淮上区棕壤黏化作用强烈，黏盘层厚度及黏粒含量都比北方棕壤高得多，说明两种土壤的形成特点差异很大。因此，淮上区棕壤其基本性状更接近于黄棕壤中的黏盘黄棕壤。

第二节 农业概况

一、农业发展现状

淮上区现有耕地面积 137 km^2，其中水田 68 km^2，旱地 69 km^2。2010 年，农作物总播面积约 280.67 km^2，其中粮食作物 206 km^2，主要有水稻、小麦、豆类等，粮食总产量 128 000 t，经济作物面积 74.67 km^2，主要是蔬菜。农业耕作制度为一年两熟、一年三熟和两年三熟，复种指数 2.05，种植模式主要是小麦—水稻、小麦—大豆、大蒜—大青豆等。全区人口 20.57 万，其中农业人口 15.90 万，农户 4.20 万，农业劳力 8.50 万人，农民人均纯收入 5 100 元，农民收入主要以种植业和劳务输出为主。肉类总产量 10 532 t，生猪年末存栏 38 510 头，全年水产品产量5 000 t。全区农田有效灌溉面积 88.93 km^2。年末全区农业机械总动力 160 300 kW，农用拖拉机 10

131 台，配套机械 19 563 台，农用动力排灌机械总容量 9 060 kW，全年化肥施用量（实物量）24 100 t，全年农村用电量 55 900 kW·h。

二、农村经济概况

2010 年，农作物总播面积约 280.67 km^2，其中粮食作物 206 km^2，粮食总产 128 000 t，同比分别增长 3.40% 和 4.30%，总量连续七年保持增长。蔬菜、养殖、良种繁育、花卉苗木四大主导产业规模和档次不断提升。三汊河万亩莲藕基地工程启动，新增莲藕种植面积 0.67 km^2。新建标准化蔬菜大棚 1.33 km^2。蔬菜瓜果种植面积达 40 km^2。申报国家级生猪标准化规模养殖小区 6 个，新建养殖小区 10 个，新增养殖面积 50 000 m^2。继梅桥乡裔湾村之后，小蚌埠镇卢小庙村、梅桥乡淮丰村成为农民人均收入超万元村，城乡面貌不断改善。

三、农田基础设施

农田基础设施是农业生产活动的产物。农业生产活动是土壤形成的人为因素，它对五大自然成土因素有着重要影响，从而对土壤的性质影响是极其深刻的，它不仅能改变地形条件和径流条件，而且能改变土壤原来水文状况和动态，势必使耕地的肥力发展过程发生变化。农田基础设施主要以农田基本建设的指标来衡量，它是改造和建设农田的重要环境因子。新中国成立后，淮上区水利事业迅速发展，建成各类防洪堤 116.50 km，中小型防洪排涝涵闸 34 座，防洪面积 220 km^2；建成电力排灌站 81 座 193 台 9 554 kW，机井 292 眼；开挖疏浚大沟 38 条 173.63 km，除涝面积达 220 km^2；有效灌溉面积达到 85.73 km^2，建成旱涝保收农田 71.93 km^2；建成高标准综合治理小区 3 处 20 km^2。经过长期的综合治理和农业综合开发，截至 2011 年，有效灌溉面积增加到 88.93 km^2，防洪、排涝、灌溉总体格局已基本形成，初步完成了治理阶段的任务，创造了优良的农业生产基本条件和完善的农田工程体系，对保障群众生命财产安全、促进社会经济发展发挥了显著作用。

四、农业生产存在的主要问题

1. 农田基础设施薄弱

北淝河横贯东西，全区约有 2/3 的土地为低洼地，加之淮上区为新建城区，农业水利设施投入严重不足，原有的水利设施经过多年运行后，损坏较为严重，且受管护资金不足等因素影响，一定程度上影响和制约了淮上区农业生产和农村经济发展。

2. 旱涝渍害仍是农业生产上的主要威胁

蚌埠地区降水量较充分，但年际年内变化大，且分布不均，旱涝灾害时有发生。

3. 存在两极分化现象

由于淮上区为新建区，农民的种植习惯和农业生产呈现出两极分化现象，原郊区的小蚌埠、吴小街复种指数高，土地使用频率大，土壤板结和盐渍化现象严重；新划入的曹老集、梅桥种植方式落后，农业生产投入低。

4. 农业种植水平不平衡

淮上区作为农业大区，农业种植水平总体不平衡，肥料的施用不合理，主要存在着三大问题：

（1）耕地质量“底子”基本不清。第二次土壤普查后，随着耕作制度、种植模式、施肥水平等情况的改变，土壤肥力状况也随之发生了较大的变化，且因区划调整，怀远县梅桥乡、固镇县曹老集划入淮上区，使全区耕地质量动态变化及趋势无法掌握。

（2）肥料使用量居高不下且不平衡。其主要表现在：首先，施肥方法不科学。大多数农民的施肥习惯还是采取“一炮轰”的方式，撒施、表施多，深施少，造成肥料利用率低下、生产成本增加、耕地地力下降，而且还会导致严重的环境污染，降低农产品品质。其次，肥料施用呈现“三多三少”，即施用化肥多、有机肥少，施用单质肥多、复混肥少，经济作物施肥多、粮食作物施肥少。

（3）农资市场肥料质量参差不齐。从2010年全市农资产品抽查结果看，复合肥料抽检合格率仅为50%。

5. 人均耕地面积逐渐减少

随着城市建设的不断拓展，人均耕地面积逐渐减少。从保障粮食生产安全的角度，这一问题应引起有关方面足够的重视。

第二章　耕地地力评价

耕地地力就是耕地的生产能力，是在指定区域内特定的土壤类型和利用方式上，耕地的土壤理化性状、所处自然环境条件、农田基础设施及耕作施肥管理水平等因素在农业生产上表达的总和。

第一节　原则和方法

一、评价的原则

淮上区耕地地力评价主要根据地形地貌、成土母质、土壤理化性状、农田基础设施等因素相互作用表现出来的综合特征进行，旨在揭示淮上区耕地潜在生物生产力的高低，为淮上区的农业规划和农业新技术的推广应用提供科学依据。根据评价的目的和要求，在淮上区耕地地力评价中，我们遵循以下原则。

（一）综合因素研究与主导因素分析相结合原则

耕地是一个自然与社会共同作用的综合体，是人类利用的对象。耕地地力高低涉及自然、社会和经济等诸多方面，耕地地力是各类要素的综合体现。所谓综合因素研究是指对耕地立地条件、土壤理化性状和土壤管理等因素进行全面的研究、分析与评价，以全面了解耕地地力状况。主导因素是指不同地区对耕地地力起决定作用的、相对稳定的因子，在评价中要着重对其进行研究分析。因此，只有将综合因素与主导因素结合，才能对耕地地力做出科学准确的评价。

（二）共性评价指标与差异性指标选取相结合原则

淮上区耕地利用方式存在多种类型，土壤理化性状、环境条件、管理水平也不同，因此耕地地力水平有较大的差异。一方面，考虑淮上区耕地地力的系统性、可比性，针对不同的耕地利用类型等状况，选用统一的评价指标体系和合理的权重；另一方面，针对不同耕地土壤种类、利用类型和利用管理的不同，同时对影响耕地地力水平的相关问题进行专题的研究，找出差异性。这样，既注重共性的评价指标与差异性指标选取，又结合专题研究，整个评价结果更加符合当地实际，成果具有更大的应用价值。

（三）定量和定性相结合原则

耕地是一复杂的生态系统，土壤内在各种性质与环境影响因子共存，相互作用，相互影响。这些性质和因子有些是可以定量的，而有些则是定性的。因此，为了保证评价结果的客观合理，在评价因素、因子选择时，应采用定量和定性评价相结合的方法，即以定量分析为主，定性分析为辅，避免人为因素的影响。

具体措施包括在评价过程中对于可定量评价因子应采用定量评价方法，如有机质含量、土层厚度、pH 等；对非定量评价因子则进行量化处理，如土壤表层质地、土体构型等，确定其相应的指数，参与运算。在运算和处理过程中，尽可能减少人为因素的影响。例如，在评价因素筛选、权重确定、评价标准、等级确定中，尽量采用定量化的数学模型，在此基础上充分运用人工智能和专家知识，对评价的中间过程和评价结果进行反复验证、修正和必要的调整，做到定量和定性相结合，保证评价结果的准确合理。

（四）科学性与可操作性相结合原则

评价指标是耕地地力评价的重要因素，指标体系的建立、评价过程必须以科学理论为依据。同时，应注重评价指标数据的可获取性和评价的可操作性。只有这样，才能保证评价结果的科学性和合理性。

二、评价要素

耕地地力是在一定的生产管理水平下由土壤特性、自然条件和农业基础设施水平等要素综合构成的耕地生产能力。对耕地地力的评价依据包括三个方面。

（一）自然环境要素

自然环境包括耕地所处的地形地貌条件、水文地质条件、成土母质条件，以及土地利用状况等。

（二）土壤理化性状

土壤理化性状包括土壤剖面与土体构型、耕层厚度、质地等物理性状，有机质、有效磷、速效钾等主要养分，微量元素、pH 等化学性状。

（三）农田基础设施条件

农田基础设施条件包括耕地的灌溉条件、排涝条件等。

三、评价方法与流程及结果的表达

耕地地力评价方法很多，我们采用耕地自然要素评价综合指数法（利用农业部推荐的《县域耕地资源管理信息系统》完成）。整个评价工作有三个方面内容。

（一）资料收集及数据库建立

根据评价的目的、任务、范围、方法和要求，收集准备与评价有关的各类自然条件、土壤、土地利用、行政区划、社会经济发展等资料，整理耕地地力评价调查和化验室分析资料，进行资料的分析和处理，建立耕地性状基础数据库。

（二）耕地地力评价

划分评价单元，选取影响地力的关键因素并合理确定权重，选择适宜的计算机硬件和 GIS 等分析软件，计算确定耕地地力等级。

（三）评价结果分析

邀请专家特别是当地专家对评价结果进行评判分析，通过室内外多次进行耕地地力评价结果校验，确定评价结果。依据评价结果，编制耕地地力分布图，计算各等级耕地数量、面积，分析耕地地力分布特征，提出耕地资源可持续利用的措施和建议。评价的流程如图 2－1 所示。

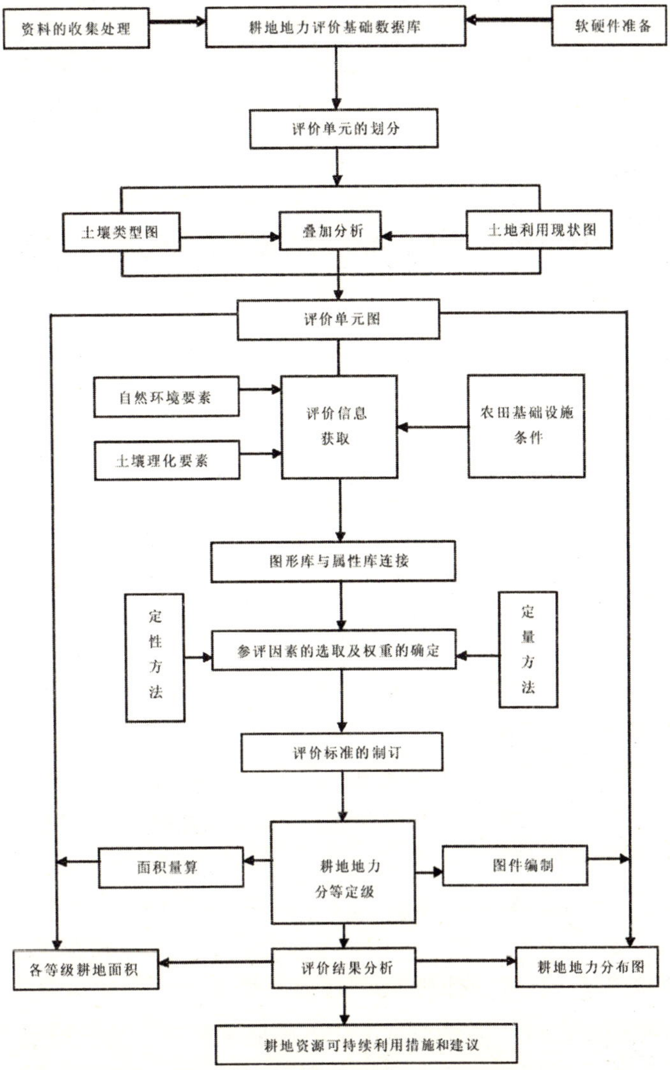

图 2－1　淮上区耕地地力评价流程图

最后，以综合指数表达耕地地力评价结果。综合指数计算公式为：

$$IFI = \sum F_i \times C_i$$

式中：IFI 代表耕地地力综合指数；F_i = 第 i 个因素（参评因素）评语；C_i = 第 i 个因素的组合权重（层次分析方法或专家直接评估求得）。

第二节 评价过程

一、软硬件准备和资料收集处理

（一）软硬件准备

1. 硬件准备

硬件主要有图形工作站 hp－Z600、A0 幅面数字化仪、工程图形扫描仪、喷墨绘图仪 hp designjet500 等。

2. 软件准备

地理信息系统软件：ArcGIS、MapGIS、县域耕地资源管理信息系统等；数据库管理软件：Microsoft SQL Server 2000、测土配方施肥信息管理系统、Access 数据管理系统等应用软件；其他软件：ENVI、Photoshop 等。

（二）资料收集处理

1. 图件资料的收集

主要包括区行政区划图、地形图、第二次土壤普查土壤图、土地利用现状图和农田水利分区图等。

行政区划图（1：50000）：为 2007 年淮上区行政区划图，进行了数字化处理。

土壤图（1：50000）：为第二次土壤普查绘制的土壤图，进行了数字化处理。用于调查和确定采样点位，这是确定耕地地力评价单元的重要图件，通过土壤点位图可带入各种属性信息，进行相关处理和分析，它也是各种评价成果的工作基础底图。

土地利用现状图（1：10000）：2007 年淮上区土地利用现状图。

2. 数据及文本资料的收集

主要包括第二次土壤普查的成果资料，测土配方施肥相关资料，近三年粮食单产、总产、种植面积统计资料，历年土壤肥力监测化验资料和肥料试验资料，县、乡、村编码表等。

第二次土壤普查的成果资料：整理、建立了淮上区土种库，即 4 个土类、10 个亚类、18 个土属、29 个土种。建库内容主要包括剖面构型、耕层质地、成土母质、障碍层类型、障碍层深度、理化性状等。

测土配方施肥相关资料：主要是测土配方施肥采样点土样化验结果，采样地块基本情况调查表和农户施肥情况调查表相关资料的归纳、整理，肥料效应试验结果的整理和统计分析，植株样测试结果的统计分析等。

耕地地力评价要以影响耕地地力的各种性状要素为基础，因此必须广泛地收集与评价有关的各类自然和社会经济要素资料，为评价工作提供数据准备。用于耕地地力评价收集获取的资料主要包括以下几个方面。

野外调查资料：野外调查资料按野外调查点获取，主要包括地形地貌、土壤母质、水文、土层厚度、表层质地、耕地利用现状、灌排条件、作物产量种类和产量、管理水平等。

室内化验分析资料：包括有机质、全氮、有效磷、速效钾、有效铜、有效锌、有效铁、有效锰以及 pH 等。

社会经济统计资料：统计了以基层行政区划为基本单位的人口、人均收入，以及各类投入产出等社会经济指标数据。

3. 资料的整理

对所收集的各种资料，在进行完整性、可靠性检查、筛选和分类的基础上，按照耕地地力评价因素进行整理与归档，为数据库的建立奠定基础。

自然成土因素资料的整理：包括气候、地形地貌、成土母质、水文地质等。气候是某一地区多年平均天气状况和特殊天气状况的综合描述，是土壤形成和影响农业生产的重要因素。地形地貌资料的整理包括海拔高度、坡度、坡向等内容。成土母质是岩矿风化的产物，是形成土壤的重要基础，是耕地地力评价的重要因素之一。耕地资源的水文条件，包括地表水资源和地下水文地质条件。

土壤属性资料的整理：土壤属性是指成土因素共同作用下形成的土壤内在性质和外在形态的具体表现，是成土过程的客观记录，是耕地地力评价的核心内容。影响耕地质量的土壤属性包括土壤剖面构型、土壤形态特征、土壤自然形态、土壤侵蚀状况、土壤理化性状等。

二、基础数据库的建立

（一）基础属性数据库的建立

基础属性数据库的建立与管理，是整个测土配方施肥和耕地地力评价工作的重要环节。我们应用安徽省土肥总站与北京中园搏望科技发展有限公司合作开发的《测土配方施肥信息管理系统》，建立淮上区基础属性数据库。

1. 主要属性数据内容

（1）耕地地块调查表；

（2）土壤、植株样品分析化验结果；

（3）土壤名称编码：土壤名称编码、土壤类型名称；

（4）土种属性数据：土种代码、土类名称、亚类名称、土属名称、土种名称、成土母质、剖面构型；

（5）县、乡、村名编码：单位编码——县内、单位编码——统一、单位名称、名称拼音；

（6）行政界线属性数据：界线代码、界线名称。

2. 属性数据分类与编码

数据的分类编码是对数据进行有效管理的主要手段。编码的主要目的是节省计算机内存空间，便于用户高效使用。属性数据进入数据库之前进行编码可以提高计算工作效率，只有进行了正确的编码，地理空间数据才能与属性数据建立公共识别符，空间数据库与属性数据库才能实现正确连接。编码格式由英文字母与数字组合。该系统主要采用数字表示的层次分类编码体系，它能反映专题要素分类体系的基本特征。

3. **建立编码字典**

数字字典是数据库应用设计的重要内容，是描述数据库中各类数据及其组合的数据集合，也称元数据。地理数据库的数据字典主要用于描述属性数据，它本身是一个特殊用途的文件，在数据库整个生命周期里起着重要的作用。它避免重复数据项的出现，并提供了查询数据的唯一入口。

4. **数据库结构设计**

属性数据库的建立与录入可独立于空间数据库和 GIS 系统，可以在 Access、Dbase、FoxBase 或 FoxPro 下建立，最终统一以 Dbase 的 *. dbf 格式保存入库。淮上区建立的 Dase 属性数据库各属性字段表述如下：

（1）湖泊、面状河流属性数据库 lake. dbf。

字段名	属性	数据类型	宽度	小数位	量纲代码
lacode	水系代码	N	4	0	
laname	水系名称	C	20		
lacontent	湖泊贮水量	N	8	0	万 m^3
laflux	河流流量	N	6		m^3/s

（2）行政界线属性数据 boundary. dbf。

字段名	属性	数据类型	宽度	小数位	量纲代码
adcode	界线编码	N	1	0	
adname	界线名称	C	4		
adcode	name				

（3）土地利用现状属性数据库 landuse. dbf。

字段名	属性	数据类型	宽度	小数位	量纲代码
Lucode	利用方式编码	N	2	0	
Luname	利用方式名称	C	10		

（4）土种属性数据 soil. dbf。

字段名	属性	数据类型	宽度	小数位	量纲代码
sgcode	土种代码	N	4	0	
stname	土种名称	C	10		
ssname	亚类名称	C	20		
skname	土属名称	C	20		

sgname	土种名称	C	20
pamaterial	成土母质	C	50
profile	剖面构型	C	50

（5）土壤养分属性数据库 nutr＊＊＊＊. dbf。本部分由一系列的数据库组成，视实际情况不同有所差异。

A. pH 库 nutrpH. dbf。

字段名	属性	数据类型	宽度	小数位	量纲代码
code	分级编码	N	4	0	
number	pH	N	4	1	

B. 有机质库 nutrom. dbf。

字段名	属性	数据类型	宽度	小数位	量纲代码
code	分级编码	N	4	0	
number	有机质含量	N	5	1	g/kg

C. 全氮库 nutrN. dbf。

字段名	属性	数据类型	宽度	小数位	量纲代码
code	分级编码	N	4	0	
number	全氮含量	N	5	1	g/kg

D. 有效磷库 nutP. dbf。

字段名	属性	数据类型	宽度	小数位	量纲代码
code	分级编码	N	4	0	
number	有效磷含量	N	5	1	mg/kg

E. 速效钾库 nutK. dbf。

字段名	属性	数据类型	宽度	小数位	量纲代码
code	分级编码	N	4	0	
number	速效钾含量	N	5	1	mg/kg

F. 其他养分库 nutrX. dbf。

字段名	属性	数据类型	宽度	小数位	量纲代码
code	分级编码	N	4	0	
number	其他养分含量	N	5	1	mg/kg

（6）地貌、气候属性库 landform. dbf。

字段名	属性	数据类型	宽度	小数位	量纲代码
landcode	地貌类型编码	N	2	0	

landname	地貌类型名称	C	10
rain	降雨量	C	6

(7) 县、乡、村名编码。

字段名	属性	数据类型	宽度	小数位	量纲代码
vicode	单位编码—县内	N	5	0	
vicoden	单位编码—统一	N	11		
viname	单位名称	C	20		
vinamee	名称拼音	C	30		

5. 资料的录入与审核

数据录入前仔细审核，数值型资料注意量纲、上下限，地名应注意汉字多音字、繁简体、简全称等问题，审核定稿后再录入。录入后仔细检查，保证数据录入无误后，将数据库转为规定的格式（Dbase 的 *. dbf 格式文件），再根据数据字典中的文件名编码命名后保存在规定的子目录下。

（二）空间数据库的建立

将数字化后的土壤图，通过投影转换和空间校正转成带有淮上区准确经纬度的土壤图，再通过 ArcGIS 的剪切功能，应用同比例尺土地利用现状图对校正后的土壤图进行切割，获得土地利用的耕地图斑，形成耕地土壤图。

1. 数据采集的工艺流程

在耕地资源数据库建设中，数据采集的精度直接关系到现状数据本身的精度和今后的应用，数据采集的工艺流程是关系耕地资源管理信息数据库质量的重要基础工作。我省耕地空间数据库建设统一采用农业部推荐使用的《县域耕地资源管理信息系统》，因此对数据的采集按照该软件的标准工艺流程进行。首先，对收集的数据进行分类检查、整理与预处理；其次，按照图件数据介质的类型不同分别处理，如果是纸质图件则需要通过工程扫描仪进行扫描，并对扫描图件进行扫描校正，如果是电子数据则转换到指定的格式；再次，进行数据的分层矢量采集和数据检查；最后，对矢量化数据进行配准、坐标投影转换、图形的综合检查和数据格式转换。

2. 图件数字化

(1) 图件的扫描。由于所收集的图件数据为纸质的图件数据，所以我们采用灰度法进行扫描，扫描的精度为 300dpi。扫描完成后将文件保存为 *. TIF 格式。在扫描过程中，为了能够保证扫描图件的清晰度和精度，我们对图件先进行预扫描。预扫描后，检查扫描图件的清晰度，其清晰度必须能够区分图内的各要素，然后利用 Contex HD4230 扫描仪自带的扫描软件进行角度校正，扫描精度 0.1% ±1 像素。

(2) 数据采集与分层矢量化。对图形的数字化采用人机交互式矢量化方法，确保图形矢量化的精度。在耕地资源信息系统数据库建设中需要采集的要素有：点状要素、线状要素和面状要素。由于所采集的数据种类较多，所以必须对所采集的数据按不同类型进行分层采集。

点状要素的采集：可以分为两种类型，一种是零星地类，另一种是注记点。零星地类包括一些有点位的点状零星地类和无点位的零星地类。对于有点位的零星地类在分层矢量化采集时，将点标记置于点状要素的几何中心；对于无点位的零星地类在分层矢量化采集时，将点标记置于原始图件的定位点。农化点位、污染源点位等注记点的采集，按照原始图件资料中的注记点，在矢量化过程中一一标注在相应位置。

线状要素的采集：在耕地资源图件上的线状要素主要有水系、道路、带有宽度的线状地物界、地类界、行政界线、权属界线、土种界、等高线等，对于不同类型的线状要素，进行分层采集。线状地物主要是指道路、水系、沟渠等，线状地物数据采集时，考虑到有些线状地物由于其宽度较宽，如一些河流、沟渠，它们在地图上可以按照图件数据的宽度比例表示为一定的宽度，则按其实际宽度的比例在图上表示；有些线状地物，如一些道路和水系，由于其宽度不能在图上表示，在采集其资料时，则按栅格图上线状地物的中轴线来确定其在图上的实际位置。对地类界、行政界、土种界和等高线资料的采集，保证其封闭性和连续性。线状要素按照其种类不同分层采集、分层保存，以备数据分析时方便利用。

面状要素的采集：面状要素在线状要素采集后，通过建立拓扑关系形成区域后进行。由于面状要素是由行政界线、权属界线、地类界线和一些带有宽度的线状地物界等线状要素所形成的一系列的闭合区域，其主要包括行政区、权属区、土壤类型区等图斑，所以，对于不同的面状要素，应采用不同的图层对其进行数据的采集。考虑到实际情况，将面状要素分为行政区层、地类层、土壤层等图斑层。同时，将分层采集的资料分层保存。

3. 矢量化资料的拓扑检查

由于在矢量化过程中不可避免地存在一些问题，因此，在完成图形数据的分层矢量化以后、开展下一步工作前，必须对分层矢量化以后的数据进行综合拓扑检查。对矢量化数据的拓扑检查，主要是完成以下几个方面的工作：

（1）消除在矢量化过程中存在的一些悬挂线段。在线状要素的采集过程中，为了保证线段完全闭合，某些线段可能出现相互交叉的情况，这些均属于悬挂线段。在进行悬挂线段的检查时，首先使用 ArcGIS 的线文件拓扑检查功能，自动对其检查和清除，如果是合理悬挂线段，则对照原始图件数据进行手工修正。对线状要素进行矢量化数据检查完成以后，随即由作图员对所矢量化的数据与原始图件数据相对比进行检查。如果在检查过程中发现有一些通过拓扑检查不能够解决的问题或者矢量化数据的精度不符合精度要求的，或者某些线状要素存在着一定的位移而难以校正的，则对其中的线状要素进行重新矢量化。

（2）检查图斑和行政区等面状要素的闭合性非常重要，是地力评价的基础。在对图件数据中的面状要素进行数据的分层矢量化采集中，由于图件数据中所涉及的图斑较多，在数据的矢量化采集过程中，有可能存在着一些图斑与行政界的不闭合情况，可以利用 ArcGIS 的区文件拓扑检查功能，对在面状要素分层矢量化采集过程中所保存的一系列面文件进行矢量化数据的拓扑检查。在拓扑检查过程中可以消除大多数面的不闭合情况，对于不能够自动清除的，对照原始图件数据检查，消除其不闭合情况。如果矢量化以后的数据通过拓扑检查，消除了在矢量化过程中所出现的上述问题，则进行下一步工作。如果在拓扑检查以后还存在一些问题，则对其进行重新矢量化，以确保系统建设的精度。

4. 坐标的投影转换

（1）坐标转换。在进行图件的分层矢量化采集过程中，所建立的是图面坐标系（其单位是 mm），而在实际应用中，则要求建立平面直角坐标系（其单位是 m）。因此，必须利用 ArcGIS 所提供的坐标转换功能，将图面坐标转换成大地直角坐标系。在坐标转换过程中，为了能够保证数据的精度，可根据提供资料源的图件精度的不同，在坐标转换过程中采用不同的质量控制方法进行坐标转换工作。

（2）投影转换。区级土地利用现状数据库的投影方式采用高斯－克吕格投影，转换为带有经纬度的大地坐标系，以便以后进行图件拼接。在进行投影转换时，对 1∶10 000土地利用现状图件数据，投影的分带宽度为 3°。

（三）空间数据库与属性数据库的连接

ArcGIS 系统采用不同的数据模型分别对属性数据和空间数据进行存储管理，属性数据采用关系模型，空间数据采用矢量或栅格模型。两种数据的连接非常重要。在空间数据库中，每一个图形单元由一个标识码来唯一确定。图形单元标识码是要素属性表中的一个关键字段，同时，一个图形单元的地理要素的属性描述中有一个唯一关键字段，空间数据与属性数据以此字段形成关联，完成空间数据库与属性数据库的连接。这种关联是 ArcGIS 将两种数据模型联成一体，可以方便地使用空间数据检索属性数据或者从属性数据检索空间数据。

对属性与空间数据的连接采用的方法是在图件矢量化过程中，标记多边形标识点，建立多边形编码表，并运用 ArcGIS 将 Access 建立的属性数据自动连接到图形单元中。这种方法可由多人同时进行，速度快。

《县域耕地资源管理信息系统》采用的数据格式是 ESRI 公司的 Shapefile 文件格式，这就需要将 ArcGIS 的 Coverage 数据转换成 Shapefile 数据，从而建立《县域耕地资源管理信息系统》空间数据库与属性数据库的连接。

三、评价过程

（一）评价单元的划分

评价单元是由对耕地质量具有关键影响的各土地要素组成的空间实体，是耕地地力评价的对象和最基本单位。同一评价单元内的耕地自然条件、土壤属性和土地利用方式和管理水平基本一致，不同土地评价单元之间则存在差异。耕地地力评价就是要通过对每个评价单元的评价，确定其地力级别，并将实地评价结果编绘到区域耕地地力等级图上。因此，耕地地力评价单元划分的合理与否，直接关系到耕地地力评价结果的合理性和科学性。

目前，对耕地地力评价单元的划分尚无统一的方法，有以土壤类型、土地利用类型、行政区划单位、方里网等多种划分方法。淮上区耕地地力评价土地评价单元的划分，采用的是按照国家规程规定的利用土壤图、土地利用现状图和淮上区行政区域图叠置划分法，在指定的行政区域内相同土种单元和相同土地利用方式地块组成一个评价单元，即“土地利用现状类型—土壤类型”的方式。用这种方法划分评价单元，反映了不同土地利用方式下不同土壤地力的空间差异性，使评价结果更具综合性、客观性，可以较容易地将评价结果落实到实地。据此，将淮上区的耕地地力划分为 1 015 个地力评价单元。

（二）评价单元信息提取

影响耕地地力评价的因子非常多，有定性因子，还有定量因子，并且它们信息表达的类型、方式和在计算机中存储的格式也不相同，因此，如何准确地获取各评价单元评价信息是评价中的重要环节。为了采用定量化的评价方法和自动化的评价手段，减少人为因素的影响，需要对其中的定性因素进行定量化处理，定性因子采取归一化处理，使定性数据转换为定量数据，再根据因素的级别状况赋予其相应的分值或数值。

1. 定量因子的数据处理

对于各类定量数据（如养分等），按调查点分析获取的数据进行空间插值处理，得到各因子空间分布的专题图。土壤有机质、pH、有效磷、速效钾、有效锌等数据，首先按照野外实际调查点进行整理，建立属性数据库，以采样统一编号为公共识别符建立空间数据与属性数据的关联。通过数据转换，将数据库中记录的内容转化成图形点文件，在此基础上对各定量因子进行空间插值处理。

例如，图 2－2 为淮上区土壤速效钾插值图，插值图是通过 ArcGIS 的插值得到，并自动对含量分类，value 字段为自动分类的等级，再根据当地情况可对速效钾的含量进行重分类。根据此方法可以生成其他各种图件。

应用 ArcGIS 建立空间信息和属性数据的连接，在生成的评价单元图上与各专题图件叠加采集各参评因素的信息，计算出各因子的数值，将运算结果导入《县域耕地资源管理信息系统》中，直接对叠加后形成的图形的属性库进行“属性提取”操作，以评价单元为基本统计单位，按面积加权平均汇总评价单元立地条件评价因子的分值。由此，得到图形与属性相连的、以评价单元为基本单位的评价信息，为后续耕地地力的评价奠定了基础。

2. 定性因子的量化处理

（1）土壤表层质地。考虑不同质地类型的土壤肥力特征以及与植物生长发育的关系，赋予不同质地类别以相应的分值，如表 2－1 所示。

图 2-2　淮上区土壤速效钾插值

表 2-1　土壤表层质地的量化处理

[隶属度]	[描述]
0.3	质地 = ‘重黏’
0.5	质地 = ‘砂壤’
0.6	质地 = ‘轻壤’
0.7	质地 = ‘中黏’
0.8	质地 = ‘轻黏’
0.9	质地 = ‘中壤’
1	质地 = ‘重壤’

（2）成土母质。考虑到淮上区土壤形成过程中母质占有很大比例因素，将各母质赋予不同的分值，如表 2-2 所示。

表 2-2　成土母质的量化处理

[隶属度]	[描述]
0.3	成土母质 = ‘酸性结晶岩风化的坡积残积物’
0.7	成土母质 = ‘下蜀黄土’
0.8	成土母质 = ‘河流沉积物’ Or 成土母质 = ‘黄土性古河湖相沉积物’ Or 成土母质 = ‘黄土性古河流沉积物’
1	成土母质 = ‘近代黄泛冲积物’ Or 成土母质 = ‘黄泛冲积物’

(3) 排灌条件。综合考虑农业的影响因素，发现不同的灌溉和排涝能力，对淮上区的地力有很大的影响，故将排灌条件量化处理，如表2-3所示。

表2-3 排灌条件的量化处理

灌溉保证率

[隶属度]	[描述]
0.1	灌溉保证率 = '差'
0.4	灌溉保证率 = '一般'
0.5	灌溉保证率 = '中'
1	灌溉保证率 = '好'

排涝能力

[隶属度]	[描述]
0.1	排涝能力 = '差'
0.4	排涝能力 = '一般'
0.6	排涝能力 = '中'
0.8	排涝能力 = '较好'
1	排涝能力 = '好'

表2-4 坡度坡向的量化处理

坡向

[隶属度]	[描述]
0.2	坡度 > = '40'
0.4	坡度 > = '20' And 坡度 < = '40'
0.6	坡度 > = '12' And 坡度 < = '20'
0.8	坡度 > = '6' And 坡度 < = '9.99' Or 坡度 > = '9.99' And 坡度 < = '12'
1	坡度 > = '0' And 坡度 < = '6'

坡向

[隶属度]	[描述]
0.4	坡向 > = '0' And 坡向 < = '22.5' Or 坡向 > = '337.5' And 坡向 < = '360'
1	坡向 = '-1' Or 坡向 > = '157.5' And 坡向 < = '202.5'

四、参评因素的选取及权重确定

正确地进行参评因素的选取并确定其权重，是科学地评价耕地地力的前提，直接关系到评价结果的合理性和科学性。

（一）参评因素的选取

参评因素是指参与耕地地力评价的各个因子。影响耕地地力差异的因素很多，在本次淮上区耕地地力评价中，根据区域特点，遵循主导因素、差异性、科学性等原则，采用定量和定性方法结合，进行了参评因素的选取。

1. 系统聚类方法

系统聚类方法用于筛选影响耕地地力的理化性质等定量指标，通过聚类将类似的指标进行归并，辅助选取相对独立的主导因子。

2. Delphi 法

用 Delphi 法进行影响耕地地力的立地条件、物理性状等定性指标的筛选。我们确定了由土壤肥料、农业、水利等专家及土肥站业务人员组成的专家组，首先对指标进行分类，在此基础上进行指标的筛选，评价指标体系经反复研讨，经过多轮打分，最终确定选择方案。

综合以上两种方法，在定量因素中根据各因素对耕地地力影响的稳定性，以及营养元素的敏感性和必要性，专家组选择确定坡向、地下水位、成土母质、有效土层厚度、耕层厚度、质地、pH、CEC（土壤阳离子交换量）、有机质、有效锌、有效磷、速效钾、水溶态硼、灌溉保证率、排涝能力 15 项因素作为耕地地力评价的参评指标，如表2－5 所示。

表 2－5　淮上区耕地地力评价指标

目标层（A）	准则层（B）	指标层（C）
淮上区耕地地力评价指标	立地条件	1. 坡向
		2. 地下水位
		3. 成土母质
	剖面性状	4. 有效土层厚度
		5. 耕层厚度
	理化性状	6. 质地
		7. pH
		8. CEC
	养分状况	9. 有机质
		10. 有效锌
		11. 有效磷
		12. 速效钾
		13. 水溶态硼
	土壤管理	14. 灌溉保证率
		15. 排涝能力

（二）权重的确定

在耕地地力评价中，需要根据各参评因素对耕地地力的贡献确定权重。确定权重的方法很多，本次评价中采用层次分析法（AHP法）来确定各参评因素的权重。

层次分析法是一种解决多目标的复杂问题的定性与定量相结合的决策分析方法。该方法将定量分析与定性分析结合起来，用决策者的经验判断各衡量目标能否实现的标准之间的相对重要程度，并合理地给出每个决策方案的每个标准的权数，利用权数求出各方案的优劣次序的一种系统分析方法。这种方法用以检验决策者判断的一致性，有利于实现定性因子定量化。层次分析法确定参评因素的步骤如下：

1. 建立层次结构

根据表2－5可知，淮上区耕地地力评价指标为目标层（A层），影响耕地地力的立地条件、剖面性状、理化性状、养分状况、土壤管理为准则层（B层），再将影响准则层（B层）中各因素的项目作为指标层（C层）。

2. 构造判断矩阵

根据专家判断，确定B层对C层以及A层对C层的相对重要程度，共构成A，C_1，C_2，C_3等判断矩阵。

3. 层次单排序及一致性检验

即求取A层对C层的权数值，可归纳为计算判断矩阵的最大特征根对应的特征矢量，利用《县域耕地资源管理信息系统》软件，得到的各权数值及一致性检验的结果。

4. 层次总排序及一致性检验

经层次总排序，并进行一致性检验，具有满意的一致性，最后计算C层对A层的组合权数值，得到各因子的权重。

五、耕地地力等级的确定

耕地是复杂的生态系统，系统内部各要素之间相互作用，对耕地的生产能力作用关系十分复杂。因此，我们在评价中引入了模糊数学方法，采用模糊评价方法来进行耕地地力等级的确定。

（一）参评因素隶属函数的建立

用DELPHI法，根据一组分布均匀的实测值，评估出对应的一组隶属度，然后在计算机中绘制这两组数值的散点图，再根据散点图进行曲线模拟，寻求参评因素实际值与隶属度关系方程，从而建立起隶属函数。各参评因素的分级及其相应的专家赋值和隶属度。

通过模拟，得到概念型、峰型、戒上型、戒下型四种类型的隶属函数，其中质地、地下水位、成土母质等属于概念型，pH属于峰型，有机质、有效磷、速效钾等属于戒上型。各参评因素类型及其隶属函数，如表2－6所示。

表2-6　参评因素类型及其隶属函数、隶属度

[函数类型]	[项目]	[a值]	[b值]	[c值]	[ut值]
戒上型	CEC	0.00855	0	25	ut=7
峰型	pH	1.18	0	6.8	ut1=4，ut2=9
戒上型	耕层厚度	0.024	0	20	ut=5
负直线型	坡度	1	0.2	0	ut=5
戒上型	水溶态硼	13.97	0	0.5	ut=0.05
戒上型	速效钾	0.000594	0	120	ut=20
戒上型	有机质	0.0135	0	26	ut=10
戒上型	有效磷	0.0414	0	12	ut=5
戒上型	有效土层厚	0.000349	0	100	ut=20
戒上型	有效锌	4.14	0	1	ut=0.2

（二）耕地地力等级的确定

1. 计算耕地地力综合指数

用指数和法来确定耕地的综合指数，公式为：

$$IFI=\sum F_i\times C_i$$

式中：IFI代表耕地地力综合指数；F_i=第i个因素评语；C_i=第i个因素的组合权重。

具体操作过程：在《县域耕地资源管理信息系统》中，在“专题评价”模块中编辑立地条件、剖面组成、理化性状、土壤养分和土壤管理的层次分析模型以及各评价因子的隶属函数模型，然后选择“耕地生产潜力评价”功能进行耕地地力综合指数的计算。获得的评价组合权重，如表2-7所示。

表2-7　层次分析报告

层次分析报告

模型名称：淮上区耕地地力评价模型

计算时间：2011/11/22 9：28：42

构造层次模型

目标层——>　耕地地力

准则层——>　立地条件　剖面性状　理化性状　养分状况　土壤管理

续表

指标层——>					
	坡向	有效土层厚	质地	有机质	灌溉保证率
	地下水位	耕 层 厚 度	pH	有效锌	排 涝 能 力
	成土母质		CBC	有效磷	
				水溶态硼	

目标层判别矩阵原始资料:

1.0000	2.0000	1.2000	0.8000	1.7144
0.5000	1.0000	0.6000	0.4000	0.8571
0.8333	1.6667	1.0000	0.6667	1.4286
1.2500	2.5000	1.5000	1.0000	2.1427
0.5833	1.1667	0.7000	0.4667	1.0000

特征向量:[0.2400, 0.1200, 0.2000, 0.3000, 0.1400]

最大特征根为:5.0000

CI = 1.80932738058637E - 06

RI = 1.12

CR = CI/RI = 0.00000162 < 0.1

一致性检验通过!

准则层(1)判别矩阵原始资料:

1.0000	0.8000	1.3333
1.2500	1.0000	1.6667
0.7500	0.6000	1.0000

特征向量:[0.3333, 0.4167, 0.2500]

最大特征根为:3.0000

CI = -8.33333796190772E - 07

RI = .58

CR = CI/RI = 0.00000144 < 0.1

一致性检验通过!

准则层(2)判别矩阵原始资料:

1.0000	0.7143
1.4000	1.0000

特征向量:[0.4167, 0.5833]

最大特征根为:2.0000

CI = 9.99995000050546E - 06

RI = 0

CR = CI/RI = 0.00000000 < 0.1

一致性检验通过!

续表

准则层（3）判别矩阵原始资料：

1.0000	2.0000	2.0000
0.5000	1.0000	1.0000
0.5000	1.0000	1.0000

特征向量：[0.5000，0.2500，0.2500]

最大特征根为：3.0000

CI = 0

RI = .58

CR = CI/RI = 0.00000000 < 0.1

一致性检验通过！

准则层（4）判别矩阵原始资料：

1.0000	2.3998	2.0000	2.3998	5.9988
0.4167	1.0000	0.8333	1.0000	2.5000
0.5000	1.2000	1.0000	1.2000	3.0003
0.4167	1.0000	0.8333	1.0000	2.5000
0.1667	0.4000	0.3333	0.4000	1.0000

特征向量：[0.4000，0.1667，0.2000，0.1667，0.0667]

最大特征根为：5.0000

CI = -4.33501503516176E-06

RI = 1.12

CR = CI/RI = 0.00000387 < 0.1

一致性检验通过！

准则层（5）判别矩阵原始资料：

1.0000	1.3333
0.7500	1.0000

特征向量：[0.5714，0.4286]

最大特征根为：2.0000

CI = -1.25000781261431E-05

RI = 0

CR = CI/RI = 0.00000000 < 0.1

一致性检验通过！

层次总排序一致性检验：

CI = -2.05053051083844E-06

RI = .591197615070076

CR = CI/RI = 0.00000347 < 0.1

总排序一致性检验通过！

续表

层次分析结果表

层次 A	立地条件 0.2400	剖面性状 0.1200	理化性状 0.2000	养分状况 0.3000	土壤管理 0.1400	组合权重 ∑CiAi
层次 C						
坡向	0.3333					0.0800
地下水位	0.4167					0.1000
成土母质	0.2500	0.0600				
有效土层厚		0.4167				0.0500
耕层厚度	0.5833					0.0700
质地			0.5000			0.1000
pH			0.2500			0.0500
CEC			0.2500			0.0500
有机质				0.4000		0.1200
有效锌				0.1667		0.0500
有效磷				0.2000		0.0600
速效钾				0.1667		0.0500
水溶态硼				0.0667		0.0200
灌溉保证率					0.5714	0.0800
排涝能力					0.4286	0.0600

注：本报告由《县域耕地资源管理信息系统 V3.2》分析提供。

2. 确定耕地地力等级数量

计算耕地地力综合指数之后，在耕地资源管理系统中我们选择累计曲线法进行评价，结合实地耕地地力等级评价校验，将淮上区耕地地力共划分为六个等级。各等级耕地地力综合指数，如表 2－8 所示。

表 2－8　淮上区耕地地力等级综合指数

IFI	>0.74	0.71～0.74	0.68～0.71	0.65～0.68	0.62～0.65	<0.62
耕地地力等级	一级	二级	三级	四级	五级	六级

六、成果图编制及面积量算

（一）图件的编制

1. 工作底图的编制

土壤图：利用第二次土壤普查所形成的土壤图进行数字化。一方面使纸质图件变成电子图件，更有利于保存与应用；另一方面土壤图中的属性能及时更新。

应用最新耕地利用现状信息进行提取，遥感影像校验变更。利用 ArcGIS 将土壤图与土地利用现状图进行切割，形成需要进行评价的耕地地力评价单元图斑。

2. 耕地地力评价图的编制

以耕地地力评价单元为基础，根据各单元的耕地地力评价等级结果，对相同等级的相邻评价单元进行归并处理，得到各耕地地力等级图斑。并用两种方式进行图面耕地地力等级的表示：首先是颜色表示，即赋予不同耕地地力等级以相应的颜色，我们以绿色表示高等级地力，依次由绿色→黄色→红色向低等级地力过渡。其次是代号，用罗马数字Ⅰ，Ⅱ，Ⅲ，Ⅳ，Ⅴ，Ⅵ表示不同的耕地地力等级，对图件加以必要地理要素整饰，编制出1：50 000 耕地地力评价图。

3. 专题图的编制

根据国家规程和地方需要，对于有机质、速效钾、有效磷、有效锌等其他专题要素地图，则按照各要素的分级分别赋予相应的颜色，标注相应的代号，生成专题图层。同时，加以地理要素整饰生成各专题图件。

项目共形成淮上区遥感影像图、淮上区土壤图、淮上区耕地地力等级分布图、淮上区采样点位图、淮上区水稻适宜性等级分布图、淮上区小麦适宜性等级分布图、淮上区芹菜适宜性等级分布图、淮上区中低产田分布图、淮上区土壤有机质含量分布图、淮上区土壤全氮含量分布图、淮上区土壤有效磷含量分布图、淮上区土壤速效钾含量分布图、淮上区土壤有效锌含量分布图、淮上区土壤缓效钾含量分布图、淮上区土壤水溶态硼含量分布图、淮上区土壤有效硫含量分布图、淮上区土壤有效锰含量分布图、淮上区土壤有效铁含量分布图、淮上区土壤有效铜含量分布图、淮上区土壤养分丰缺等级图、淮上区粳稻施肥分区图、淮上区稻茬小麦施肥分区图、淮上区旱茬小麦施肥分区图、淮上区籼稻施肥分区图、淮上区春芹菜施肥分区图25幅图件。

（二）面积量算

各地类面积的量算可通过系统操作直接完成。耕地地力等级面积的量算，可在《耕地资源管理信息系统》的支持下，对图件属性库进行操作，检索相同等级的面积，然后汇总得各类耕地地力等级的面积，根据淮上区图幅理论面积进行平差，得到准确的面积数值。对于不同行政区划单位内部、不同的耕地利用类型等耕地地力等级面积的统计，则通过耕地地力评价图与相应的专题图进行叠加分析，由其相应属性库统计获得。

七、成果校验

将评价结果与实际情况进行对比和检验，如果能够反映区域实际情况，说明评价过程合理、科学，如果和实际情况进行不符或差异较大，则说明评价过程有差错，需要从头进行检查。耕地地力评价涉及相互关联的因素、因子众多。在评价时，有定量的，也有定性的，且概念型因素的描述一般是通过专家的经验或应用某种方法转换为定量的描述。在确定每个要素对地力的贡献时，也依赖于专家的经验。由于专家认识程度的分歧以及数学方法的局限。往往第一轮评价结果与耕地的实际生产能力难免会发生一定的偏差。第一轮评价工作完成后，应邀参与制定隶属函数和层次分析判断矩阵的专家依据概念型产量对评价结果进行评估。如两者相差太大，则必须重新拟合隶属函数和评估各个要素对耕地地力的权重。如此经过若干个回合，直至绝大多数专家对评价结果满意为止。淮上区经四轮实际校验，专家们认可评价结果。同时，在依据自然要素评价的每一个地力等级内随机选取 10% ~15% 的管理单元，淮上区选取了 12% 的管理单元 121 个调查近三年实际的年平均产量，与耕地地力综合指数进行相关分析，建立起综合地力指数与粮食产量的回归方程，决定系数（R^2）为 0. 1037，相关系数 r 为 0. 3221 > t0. 01 =0. 228，达显著水平。

八、评价结果归入全国地力等级体系

农业部于 1997 年颁布了“全国耕地类型区、耕地地力等级划分”农业行业标准。该标准根据粮食单产水平将全国耕地地力划分为十个等级。年单产大于 900 kg/亩为十等地；小于 100 kg/亩为十等地，每 100 kg 为一个等级。淮上区将全区耕地分为六个等级，将评价结果归入全国地力等级体系，其地力等级划分与“全国耕地类型区、耕地地力等级划分”相吻合。

第三节　评价结果

耕地质量的好坏直接影响着农民的收入，影响着淮上区新农村建设的步伐。

我们在前述耕地质量评价原理、方法的基础上，按照农业部耕地质量调查和评价的规程以及分级标准，将淮上区耕地地力进行了评价和分等定级。

采用累积频率曲线法，用样点数与耕地地力综合指数制作累积频率曲线图，根据样点分布的频率，用累计曲线的拐点处作为每一等级的起始分值，将全区耕地分为六个等级，如图 2 -3 和表 2 -9 所示。

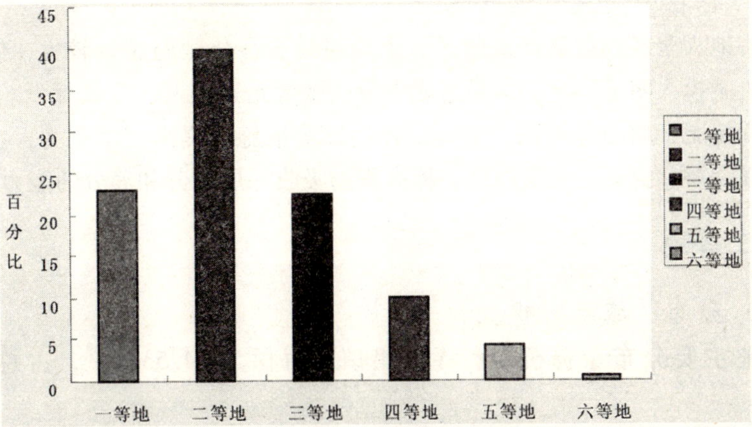

图 2 -3　淮上区耕地地力等级

表2-9 淮上区耕地地力分级表（累积曲线分级法）

区耕地地力分级	区间	面积（km^2）	所占比例（%）	主要分布地点
一等地	大于0.74	31.30	22.90	梅桥乡、小蚌埠镇、曹老集镇
二等地	0.71~0.74	54.39	39.80	梅桥乡、曹老集镇
三等地	0.68~0.71	30.75	22.50	曹老集镇等地
四等地	0.65~0.68	13.67	10	梅桥乡等地
五等地	0.52~0.65	5.74	4.20	梅桥乡
六等地	小于0.62	0.82	0.60	小蚌埠镇

一、一等地

（一）分布区域与面积

一等地主要分布在梅桥乡、小蚌埠镇、曹老集镇等，面积为31.38 km^2，占总耕地面积的22.90%。

（二）主要特性

淮上区土壤多为两合土、砂心淤土、黄黑土田等。质地为轻黏、重黏、轻壤、重壤，耕层厚度一般在17.80 cm左右。该等耕地土壤有机质含量多在17.54 g/kg左右；有效磷多在22.32 mg/kg左右；速效钾多在163.38 mg/kg左右；有效硫多在33.56 mg/kg左右；水溶态硼多在0.25 mg/kg左右；有效铜含量多在3.10 mg/kg左右；有效锌含量多在1.66 mg/kg左右；有效铁多在33.56 mg/kg左右；有效锰多在23.24 mg/kg左右；pH在7.52左右。

土壤有效厚度135 cm左右，成土母质为河流沉积物、黄土性古河流沉积物、近代黄泛冲积物。水肥条件优越，表层质地适中，疏松易耕，保肥性好，易发小苗，水、肥、气、热状况协调，是较好的耕作土壤。

（三）存在问题及合理利用

该等耕地为全区农业高产高效区，人均耕地少，化肥施用量较大，但化肥利用率低，有机肥投入明显不足，极易造成中量或微量元素失调、全氮偏低。在施肥上，应注意平衡施肥，增施有机肥，实行秸秆还田等措施，提高土壤肥力；在土壤改良上，应加强深耕，提高活土层厚度，提高作物吸收深层水分和养分的能力。

二、二等地

（一）分布区域与面积

二等地主要分布于梅桥乡、曹老集镇，面积为54.53 km^2，占总耕地面积的39.80%。

（二）主要特性

该等耕地水利条件较好，农田灌溉保证率充分满足，土壤多在两合土、黄黑土、厚淤坡黄土、坡黄土等，土壤轻度侵蚀，成土母质为黄土性古河湖相沉积物、河流沉积物、近代黄泛冲积物等，土壤质地多在轻黏、重黏、轻壤、重壤等，耕层厚度16 cm左右。水肥条件优越，管理方便，耕性良好。

该等耕地土壤有机质含量多在17.48 g/kg左右；有效磷多在21.29 mg/kg左右；速效钾多在156.03 mg/kg左右；有效硫多在31 mg/kg左右；水溶态硼多在0.25 mg/kg左右；有效铜含量多在2.78 mg/kg左右；有效锌含量多在1.33 mg/kg左右；有效铁多在43.63 mg/kg左右；有效锰多在27.43 mg/kg左右；pH在7.33左右。

（三）存在问题及合理利用

该等耕地耕性较好，土地利用率高，复种指数大，但过度提高复种指数，造成养分失调，地力下降。其改良措施有三条：

（1）平衡施肥，除施用氮、磷大量元素肥料外，根据测土化验，增施硅、硼、锌元素，实行平衡施肥，缺啥补啥，搞好养分协调；

（2）多种冬季绿肥等养地作物；

（3）根据该等耕地复种面积大的特点，实行小麦和稻草秸秆还田，提高耕地有机质含量，有利于保水保肥，逐步加深耕作层，培肥地力，提高耕地综合生产能力。

三、三等地

（一）分布区域与面积

三等地主要分布于曹老集镇等地，面积30.82 km^2，占全区耕地面积的22.50%。

（二）主要特性

该等耕地灌溉保证率基本满足，土壤强度侵蚀。土壤类型为黄黑土、两合土、厚淤黄土、砂土等，母质为黄土性古河湖相沉积物、河流沉积物、河流沉积物、酸性结晶岩风化的坡积残积物等，耕层厚度15.50 cm。

该等耕地土壤有机质含量平均值为17.46 g/kg；有效磷含量平均值为21.01 mg/kg；速效钾含量平均值为164.30 mg/kg；有效铁含量平均值为39.90 mg/kg；有效锰含量平均值为26.65 mg/kg；有效铜含量平均值为2.83 mg/kg；有效锌含量平均值为1.31 mg/kg；有效硫含量平均值为31.22 mg/kg；水溶态硼含量平均值为0.24 mg/kg；pH含量平均值为7.44。

（三）存在问题及合理利用

该等耕地土壤类型为黄黑土、两合土、厚淤黄土、砂土等，通气性差，紧实致密，养分分解缓慢，供水供肥性差。不宜种植如棉花等双子叶作物，旱地宜种植玉米，水田宜种植水稻等单子叶作物。土壤改良应增施有机肥，或通过秸秆还田，改良土壤。

砂泥土是理想的耕作土壤，但土地利用频繁，养分供应失调。土壤利用改良上应在增加有机肥的同时，增施适量的氮磷钾化肥，要增加硅、硼、锌等中、微量元素，平衡施肥，科学灌溉，做到经济合理和因土施肥、因土浇灌，以达到最佳土壤生态状态，提高经济效益。

四、四等地

（一）分布区域与面积

四等地主要分布于梅桥乡等地，面积13.70 km^2，占总耕地面积的10%。

（二）主要特性

该等耕地土壤基本无灌溉保证，但排涝能力强，强度侵蚀。土壤类型多在淤土、淤坡黄土、活碱土、漏风淤土等，成土母质为黄泛冲积物、河流沉积物、黄土性古河流沉积物、酸性结晶岩风化的坡积残积物。质地多在重壤、中黏等，耕层厚度为14 cm左右。该等耕地土壤有机质含量平均值为17.70 g/kg；有效磷含量平均值为21.02 mg/kg；速效钾含量平均值为162.82 mg/kg；有效铁含量平均值为35.23 mg/kg；有效锰含量平均值为22.46 mg/kg；有效铜含量平均值为2.93 mg/kg；有效锌平均值为1.74 mg/kg；有效硫含量平均值为32.30 mg/kg；水溶态硼含量平均值为0.25 mg/kg；pH含量平均值为7.49。

（三）存在问题及合理利用

该等耕地土壤类型多在淤土、淤坡黄土、活碱土、漏风淤土等，表潜板结田所占比重较高，土壤质地较黏重，耕种困难，应增施有机肥，提高有机质，实行秸秆还田，改善土壤孔隙状况和耕性。在种植上，可实行水旱轮作，改良土壤；也可实行多犁多耕，改变土体物理性状。对于灰砂泥土的耕地，则实行平衡施肥，增施中微量元素，轮作倒茬，提高地力。总之，四等地在增施有机肥培肥地力的同时，合理布局，用地养地结合以获最佳经济和生态效益。

五、五等地

（一）分布区域与面积

五等耕地主要分布于梅桥乡，面积为5.75 km^2，占全区耕地面积的4.20%。

（二）主要特性

该等耕地土壤类型为淤土、漏风淤土、活碱土，土壤母质类型为河流沉积物、黄泛冲积物、黄土性古河流沉积物；耕层质地为中黏、重壤，耕层厚度13.40 cm。

该等耕地土壤有机质含量多在17.03 g/kg左右；有效磷多在20.71 mg/kg左右；速效钾多在178.65 mg/kg左右；有效硫多在31.23 mg/kg左右；水溶态硼多在0.24 mg/kg左右；有效铜含量多在2.86 mg/kg左右；有效锌含量多在1.75 mg/kg左右；有效铁多在27.73 mg/kg左右；有效锰多在20.85 mg/kg左右；pH7.66左右。

（三）存在问题及合理利用

该等耕地土壤大部分为有轻度侵蚀，表土流失严重，耕层浅板瘦。由于地处岗丘，表土径流量大，耕层厚度一般只有16 cm，部分水田有次生潜育化现象。腐殖质的积累作用不强，表层有机质的含量低，而且易受旱涝的威胁，难以旱涝保收。主要措施是蓄引并举，治旱改土兴修水利，扩大灌溉面积，因地制宜，逐步扩大实行坡地梯田化或退耕还林，减少表土泾流；调整作物布局，轮作换茬，用养结合。实行作物秸秆还田，合理使用化肥，实行氮、磷、钾及中微量元素的正确配比，以求达到均衡协调。

六、六等地

（一）分布区域与面积

六等耕地主要分布于小蚌埠镇，面积0.82 km^2，占全区耕地面积的0.60%。

（二）主要特性

该等耕地土壤类型为漏风淤土，土壤质地一般为中黏、轻壤，成土母质为河流沉积物、河流沉积物、下蜀黄土，耕层厚度为14.40 cm。该等耕地土壤有机质含量多在16.02 g/kg左右；有效磷多在25.23 mg/kg左右；速效钾多在163.12 mg/kg左右；有效硫多在34.79 mg/kg左右；水溶态硼多在0.22 mg/kg左右；有效铜含量多在3.37 mg/kg左右；有效锌含量多在2.00 mg/kg左右；有效铁多在24.07 mg/kg左右；有效锰多在19.00 mg/kg左右；pH7.65左右。

（三）存在问题及合理利用

该等耕地耕性较好，阳离子代换量高，保肥保水性好，由于受地理环境影响，大部分是旱作区，受气候制约因素较大，所以干旱是影响农业生产的主要因素，地力低下也是该等土壤的第二大障碍因素。因此，在改良措施上，一是搞好农田基本建设，提高土壤保墒能力；二是增施有机肥，如肥源不足，广泛开展作物秸秆还田，提高土壤肥力；三是注意平衡施肥，控氮、减磷、增施钾肥和中微量元素肥料，实行配方施肥。

第三章　测土配方样品采集与土壤分析

根据《测土配方施肥技术规范（试行）修订稿》及《全国耕地地力调查与质量评价技术规程》的要求，此次调查和评价是基于四个方面进行的。一是通过耕地地力调查与评价，合理调整农业结构，满足市场对农产品多样化、优质化的要求以及经济发展的需要；二是全面了解耕地质量现状为无公害农产品、绿色产品、有机食品生产提供科学依据，为人民提供健康安全的食品；三是针对耕地土壤的障碍因子，提出中低产田改造、防止土壤退化及修复已污染土壤的意见和措施，提高耕地综合生产能力；四是通过调查，建立全区耕地资源信息管理系统，对耕地质量实行计算机网络化，为农业增效、农民增收提供科学决策依据，保证农业可持续发展。

第一节　样品采集及分析

淮上区区委、区政府高度重视测土配方施肥项目工作，项目合同签订后，区政府就以《淮政办秘［2008］9号》文件及时成立了由区委常委、副区长李勇任组长，区农委主任、财政局局长、区农业综合站站长任副组长，经贸发展局、水利、工商、质监、土地及各乡镇主要负责人为成员的“淮上区测土配方施肥工作领导小组”；以《淮政办秘［2008］10号》文件成立了“测土配方施肥技术指导组”。工作领导小组负责组织协调、人员配置、项目管理、监督检查等工作；技术指导组负责实施方案的制定、宣传培训、技术指导、配方肥应用等工作。同时，各乡镇也相应成立了工作领导小组和技术指导组。

组建野外调查队，开展土样采集与农户调查工作，队员由淮上区农业综合服务站人员和乡镇农技站成员组成。各项工作严格按照《测土配方施肥技术规范（试行）修订稿》以及农业部培训班的要求，进行质量控制。

一、工作准备

（一）物质准备

为了调查工作顺利开展，进行了充分的物质准备，为调查队备齐了4个GPS定位仪、不锈钢土钻、高配置计算机及相应的系统软件、钢卷尺、土袋、化验药品、仪器以及表格印刷品等。新建了340 m^2的化验室，购进了先进的分析仪器，为全面调查和室内化验分析做好了充分准备。

（二）技术准备

领导组召集有关成员和专家，成立技术指导组，根据“安徽省耕地地力评价技术规程”，制定技术培训教材。对所有参与调查及分析的技术人员进行认真、系统的培训。野外工作培训内容包括：大田土样的采集原则、依据、调查内容、采样方法、样品保存、填表方法等；化验专职人员培训内容：样品处理方法和正确的化验操作步骤；属性数据录入人员的培训内容：数据库的建立、维护以及正确的录入方法。

乡镇农技站全员参与，各行政村的村委主任兼任村级技术辅导员。形成了区、镇、村三级有效的技术体系。

（三）资料准备

所需资料包括淮上区地形图、淮上区行政区划图、淮上区土地利用现状图、淮上区土土壤图、淮上区第二次土壤普查成果图等。同时，收集了第二次土壤普查成果资料，区、乡、村名统一编码表，作物品种、产量，种植面积，肥料、农药使用品种及数量、肥力动态监测等数据。

二、室内预研究

（一）确定采样点位

1. 布点和采样原则、技术支持

根据《测土配方施肥技术规范（试行）修订稿》以及淮上区的实际情况，此次调查中调查样点的布设采取如下原则：

（1）代表性原则。此次调查的特点是在第二次土壤普查的基础上，摸清不同土壤类型，不同土地利用方式下的土壤肥力和耕地生产力的变化和现状。因此，调查布点必须覆盖全区耕地土壤类型以及全部土地利用类型。

（2）典型性原则。调查采样的典型性是正确分析判断耕地地力和土壤肥力变化的保证。特别是样品的采取必须能够正确反映样点的土壤肥力变化和土地利用方式的变化。因此，采样点必须布设在利用方式相对稳定，没有特殊干扰的地块，避免各种非调查因素的影响。

（3）科学性原则。耕地地力的变化并不是无规律的，是土壤分布规律的综合反映。因此，调查和采样布点上必须按照土壤分布规律布点，不打破土壤图斑的界线。

（4）比较性原则。为了能够反映第二次土壤普查以来的耕地地力和土壤质量的变化，尽可能在第二次土壤普查的取样点上布点。

在上述原则的基础上，调查工作之前充分分析了淮上区的土壤分布状况，收集并认真研究了第二次土壤普查的成果以及相关的试验研究和点定监测资料。同时，邀请熟悉全区情况、参加过第二次土壤普查的有关技术人员参加工作。在安徽省土肥站和蚌埠市土肥站的指导下，通过野外勘测和室内图件分析，确定调查和采样点，保证了此次调查和评价的高质量完成。

2. 布点方法

按照《测土配方施肥技术规范（试行）修订稿》的要求，根据土壤、作物类型，采用GPS定位和“S”形布点法，大田作物按每3.33 hm^2、蔬菜按每2 hm^2 采集1个样品。同时，调查和填写采样地块基本情况调查表以及农户施肥情况调查表。

在各评价单元中，根据图斑形状、种植制度、种植作物种类、产量水平等因素的不同，同时考虑单元内部和区域的样点分布的均匀性，确定点位，并落实到单元图上，标注采样编号，确定其地理坐标。

（二）确定采样方法

1. 土样采样方法

（1）采样时间：在作物收后或播种施肥前采集，一般在小麦收获后和秋后。

（2）野外采样田块确定，根据点位图，到点位所在的村庄，首先向农民了解本村的农业生产情况，确定具有代表性的田块，田块面积要求在0.07 hm^2 以上，依据田块的准确方位修正点位图上的点位位置，并用GPS定位仪进行定位。

（3）调查、取样：向已确定采样田块的户主，按调查表格的内容逐项进行调查填写。在该田块中按旱田0～20 cm土层采样；采用“S”法均匀随机采取5个采样点，充分混合后，四分法留取1 kg。采样工具用木铲、竹铲、塑料铲、不锈钢土钻等；一袋土样填写两张标签，内外各具。标签主要内容为：样品野外编号（要与大田采样点基本情况调查表和农户调查表相一致）、采样深度、采样地点、采样时间、采样人等。

2. 植株样采样方法

由于粮食作物生长的不均一性，一般采用多点取样，避开田边2 m，按梅花形或“S”形采样法采样。在采样区内采取10个样点的样品组成一个混合样。采集样品重约2 kg左右，用塑料纸包扎好。

（三）确定调查内容

这次调查的范围是全区所有耕地，调查内容主要有四个方面：

（1）与耕地地力评价有关的耕地自然环境条件，农田基础设施建设水平和土壤理化性状，耕地土壤障碍因素和土壤退化原因等；

（2）与农产品质量相关的耕地土壤环境状况，如土壤的富营养化、养分不平衡与缺乏的微量元素以及土壤污染等；

（3）与农业结构调整密切相关的耕地土壤适宜性问题等；

（4）农户生产管理情况调查。

以上数据的获得，一是利用第二次土壤普查和土地利用详查等现有资料，通过收集整理而来；二是采用以点代面的调查方法，经过实地调查访问农户获得的；三是对所有采集样品进行相关分析化验后取得；四是将所有有限的数据、农户生产管理情况调查数据、分析数据录入到计算机中，并经过向量化处理形成数字化图件。使每个地块均具有各种数据信息，来获取相关数据信息。这些数据信息，对分析耕地地力评价与耕地质量评价结果及影响具有重要意义。通过对每个地块资源的充实完善，可以从微观角度，对土、肥、气、热、水资源运行情况有更周密的了解，提出管理措施和对策，指导农民进行资源合理利用和分配。通过对全部信息数据的了解和掌握，可以宏观调控资源配置，合理调整农业产业结构，科学指导农业生产。

淮上区 2008 年、2009 年、2010 年和 2011 年共采集土样 7 613 个，大田植株样和 3414 样共计 751 个。

三、样品分析

2008—2011 年淮上区共计分析化验 122 329 项次，其中土壤样品 7 613 个，计 120 076 项次。植株样品 751 个，计 2 253 项次。

1. 土壤样品分析指标及其分析方法

（1）pH：电位法（土水比为 1∶2.5）；

（2）电导率：电导法；

（3）有机质：油浴加热重铬酸钾氧化容量法；

（4）全氮：凯氏蒸馏法；

（1）碱解氮：碱解扩散法；

（6）有效磷：$NaHCO_3$ 浸提，钼锑抗比色法测定；

（7）全钾：氢氧化钠熔融，火焰光度法测定；

（8）缓效钾：硝酸提取，火焰光度法测定；

（9）速效钾：乙酸铵浸提，火焰光度法测定；

（10）有效铁：DTPA 浸提，原子吸收分光光度法测定；

（11）有效锰：DTPA 浸提，原子吸收分光光度法测定；

（12）有效铜：DTPA 浸提，原子吸收分光光度法测定；

（13）有效锌：DTPA 浸提，原子吸收分光光度法测定；

（14）有效硼：沸水浸提，甲亚胺比色法测定；

（15）有效硫：磷酸盐浸提，硫酸钡比浊法（酸性土）测定，$CaCl_2$ 浸提，硫酸钡，比浊法（中性—碱性土）测定；

（16）有效钼：草酸—草酸铵浸提，极谱法测定。

2. 植株样品分析指标及其分析方法

（1）全氮：H_2SO_4—H_2O_2 消煮，奈氏比色法测定；

（2）全磷：H_2SO_4—H_2O_2 消煮，钒钼黄比色法测定；

（3）全钾：H_2SO_4—H_2O_2 消煮，火焰光度法测定。

第二节　质量控制

野外调查的重点是对取样点的立地条件、土壤属性、农田基础设施条件、农户栽培管理成本、收益及污染等情况全面了解、掌握。

一、野外调查质量控制

（一）调查方法

1. 室内确定采样位置

技术指导组根据《测土配方施肥技术规范（试行）修订稿》的要求，采样点参考淮上区土壤图，进行规划设计，确定采样点位。

2. 培训野外调查人员

抽调技术素质高、责任心强的农业技术人员，进行专业培训和野外实习，组成2支野外调查队，共10余人参加野外调查。

3. 根据规范要求，严格取样

各野外调查队根据图标位置，在了解农户农业生产情况基础上，确定具有代表性田块和农户，用GPS定位仪进行定位，依据田块准确方位修正点位图上的点位位置。

4. 填写调查表格

按照《测土配方施肥技术规范（试行）修订稿》及《全国耕地地力调查与质量评价技术规程》的要求规定，填写调查表格，并将采集的样品统一编号，带回室内化验。

（二）调查内容

1. 立地条件

（1）采样地点和地块：地址名称采用民政部门认可的正式名称。地块采用当地的通俗名称。

（2）经纬度及海拔高度：由GPS仪进行测定，经纬度单位统一为“°”、“′”、“″”。

（3）土壤名称：按照全国第二次土壤普查时的连续命名法填写。

（4）地形地貌：以形态特征划分为平原、岗冲、岗地、平岗、高岗、高平岗、滩地、丘陵等。

（5）潜水埋深：分为深位（3～5 m）、中位（2～3 m）、高位（<2 m）。

（6）坡度：分为<2.0°、2.1°～5.0°、5.1°～8.0°、8.1°～15.0°15.1°～25.0°、≥25°六级。

（7）坡向：分为平地、正南、东南、东、西南、东北、西、西北、北。

2. 土壤性状调查

（1）土壤质地：指表层质地，按第二次土壤普查规程填写，分为重壤、中壤、轻壤、沙壤、重黏、中黏、轻黏、黏土、紧砂等9级。

（2）耕层厚度：按实际测量确定，单位统一为厘米。

（3）障碍层次及出现深度：主要指砂、黏、砾、卵石、料姜、石灰结核等所发生的层位，应描述出障碍层次的种类及其深度。

（4）障碍层厚度：实测，或访问当地群众，或查对土壤普查数据。

（5）成土母质：按成土母质及成土母质的运动规律，淮上区成土母质分为：河流冲积物、黄土母质、黄土状母质（物理黏粒含量 >45%）、石灰性黏质冲积物、黏质冲积物（剖面 0 ~ 50 cm 为重壤土、黏土）、残积物、砂砾质冰水沉积物、壤质冰水沉积物、黏质冰水沉积物、石灰性黏质冰水沉积物、非石灰性砂砾质冰水沉积物、非石灰性壤质冰水沉积物、砾质坡积物（砾石占剖面 30% 以上）等。

3. 农田设施调查

（1）地面平整度：按大范围地形坡度确定，分为平整（ <3°）、基本平整（3 ~ 5°）、不平整（ >5°）。

（2）灌溉水源类型：分为河流、地下水（深层、浅层）、污水等。

（3）输水方式：分为漫灌、畦灌、沟灌、喷灌等。

（4）灌溉次数：指当年累计的次数。

（5）年灌水量：指当年累计的水量。

（6）灌溉模数：按实际情况填写。

（7）排涝模数：按实际情况填写。

4. 生产性能与管理调查

（1）家庭人口：以调查户户籍登记为准。

（2）耕地面积：指调查当年该户种植的所有耕地（包括承包地）。

（3）种植制度：分为一年一熟、一年二熟、一年三熟等。

（4）作物种类与产量：指调查地块上年度主要种植作物及其平均产量。

（5）施肥情况：肥料分为有机肥、氮肥、磷肥、钾肥、复合肥、微肥、叶面肥、微生物肥及其他肥料，写清产品外包装所标识的产品名称、主要成分及生产企业。

（6）生产成本：包括化肥、有机肥、农药、农膜、种子（种苗）、机械人工及其他。

（7）产品销售及收入情况：大田采样点要调查上年度该农户所种植的各种农作物的总产量，每一种农作物的市场价格、销售量、销售收入等。

（三）采样控制

野外调查采样是此次调查评价的关键。既要考虑采样的代表性、均匀性，也要考虑采样的典型性。我们根据全区总体情况，按不同地貌类型、不同作物类型、不同地力水平的农田严格按照规程要求均匀布点，并按图标布点实地核查后进行定点采样。主要采取的技术措施：一是调查采样前，对全区重点土壤全面考察，通过专家研究，确定采样点位；二是根据第二次土壤普查样点布设情况，尽量在原采样点上采样，其余的再作调整；三是采样点确定后，又组织专家赴现场进行第二次调查，确定准确位置，然后定点定人采样。整个采样过程严肃、认真，达到了规程要求，保证了调查采样质量。

二、分析测试质量控制

（一）实验室质量控制

针对误差来源的五个因素及实验室质量目标，淮上区实验室质量控制措施考虑以下几点：

1. 检测前

（1）按项目要求制定周密的抽样方案，确定样品的唯一性和代表性，尽量减少采样误差。

（2）对化验人员进行测量方法、规范操作等内容的培训，并进行质量考核，掌握检验人员业务水平、误差情况等。同时，对管理人员加强监督。

（3）制定样品的管理和质量控制程序，确认确保样品的真实性。

（4）检测环境确认（温度、湿度及干扰）。

（5）有多种方法可检测时，确定最合理的检测方法。

（6）检测用仪器设备的功能和准确度是否符合检测要求（计量检定、运行检查状况）。

2. 检测中

（1）使用前后对仪器设备进行检查维修和调整。

（2）严格执行标准或规程，确保检测结果准确性。

（3）坚持平行试验，必要的重做显性试验，控制精密度，减少随机误差。在分析过程中，减少随机误差可通过增加测定次数，提高平均值的精密度的方法。

每批样品每个项目开始分析时均需做100%平行样品，结果稳定后，平行次数可减少50%。一般须做10%～15%平行样品。可自行编入明码做平行测定，或由质控员编入密码试验样进行质量控制。

平行双样测定结果的误差在允许的范围之内为合格，平行双样测定全部不合格者，该批样品须重新测定；平行双样测定合格率<95%时，除对不合格重新测定外，再增加10%～20%的平行测定率，直到总合格率达95%。

（4）坚持带质控样进行测定。参比样，或加标试验等，判断是否存在系统误差，根据所得结果进行统计检验来加以判别。①与标准试样对照。例行分析中，每批要带标准样品或参比样，在测定的精密度合格的前提下，标准试样测定值又须落在标准保证值（在95%的置信水平）范围内，否则本批结果无效，需重新分析测定。②标准加入法。当选择的项目无标准物质或质控样时，可用加标回收试验来测定准确度。加标率，在每批试样中，随机抽取10%～20%试样进行加标回收测定。样品数不足10个时，适当增加加标比率。每批同类型试样中，加标试样不应少于1个。加标量，被测组的总量不得超出方法的测定上限。加标浓度宜高，体积应小。不应超过原定试样体积的1%。

合格要求是加标回收率在96%～106%。

$$回收率（\%）=\frac{测得总量样品含量10C}{标准加入量}$$

根据回收率大小，判断是否存在系统误差。

（5）注重空白试验。全程空白值是指用某一方法测定某物质时，除样品中不含该物质外，整个分析过程中引起的信号值或相应浓度值。它包含了试剂、蒸馏水中杂质带来的干扰，从待测试样的测定值中扣除，可消除上述因素带来的系统误差，如果空白值过高，则要找出原因，采取其他措施（如提纯试剂、更新试剂、更换容器等）加以消除。每次做两个平行样，连测 5d 共得 10 个测定结果，计算批内标准偏差 Swb 按下式计算：

$$Swb=\{\sum(X_i-X_{平})2/m(n-1)\}1/2$$

式中：n——每天测定平均样个数；m——测定天数。

（6）做好标准曲线。标准系列应设置 6 个以上浓度点。根据浓度和吸光值按一元线性回归 $y=a+bx$ 算其相关系数。

标准曲线控制：①每批样品皆需做标准曲线；②标准曲线力求 r≥0.999，且有良好重现性；③大批量分析时每测 10～20 个样品要用一标准液校验，检查仪器状况；④待测液浓度超标时不能任意外推。

（7）用标准物质校核实验室的标准滴定溶液。标准物质的作用是校准。对测量过程中使用的基准纯、优级纯的试剂进行校验。校准合格才准用，确保量值准确。

（8）详细、如实记录检测过程，使检测条件可再现、检测资料可追溯，对测量过程中出现的异常情况也应进行记录，以有利于查找原因。

（9）认真填写检测原始记录，检测记录应做到：如实、准确、完整、清晰。记录的填写、更改应制定相应程序。当检测由一人读数一人记录，记录人员要复读所记的数字，以免发生误差。

3. 检测后

（1）加强原始记录校核、审核，对发现的问题及时研究、解决，或召开质量分析会，形成共识。

（2）运用质量控制图预防质量事故发生。对控制样品进行多次重复测定，由所得结果计算出控制样的平均值 X 及标准差 S（或极差 R），就可绘制均值—标准差控制图（或均值—极差控制图），纵坐标为测定值，横坐标为获得数据的顺序。将均值 X 作成与横坐标平等的中心线 CL，X ±3S 为上、下警戒限 UCL 和 LCL，X ±2S 为上、下警戒限 UWL 和 LWL。在进行试样例行分析时，每批带入控制样，根据判异准则进行判断。如果在控制限之外，该批结果为全部错误结果，则必须查出原因，采取措施，加以消除，不再出现；纳入标准，立即找出原因，采取适当措施，等“回控”后再重复测定，并控制不再出现；如果控制样的结果落在控制限和警戒限之间，说明精密度不理想应引起注意。对运用均值—极差控制图的判断，则参照《质量专业理论与实名》中的判断准则。

（3）控制检出限。检出限是指对某一特定的分析方法在给定的置信水平内可以从样品中检测待测物质的最小浓度或最小量。根据空白测定的批内标准偏差（Swb）按下列公式计算检出限（95%的置信水平）。

若试样一次测定值与零浓度试样一次测定值有显著性差异时，检出限按下式计算：

$$L = 2 \times 21/2 Tf \mathrm{Swb}$$

式中：L——方法检出限；

Tf——显著水平为0.05（单侧）自由度为f的T值；

Swb——批内空白值标准偏差；

f——批内自由度；

$f = m\ (n-1)$，m为重复测定次数，n为平行测定次数。

原子吸收分析方法中用下式计算检出限：

$$L = 3\ \mathrm{Swb}$$

分光光度法以扣除空白值后的吸光值为0.010相对应的浓度值为检出限。

（4）异常情况的处理。①异常的取舍。对检测数据中的异常值，按GB－4883标准规定采用Grubbs法或Dixon法加以判断处理。②因外界干扰（如停电、停水等），检测人员应终止检测，待排除干扰后重新检测，并记录干扰情况。当仪器出现故障时，故障排除后校准合格的，方可重新检测。

（5）使用计算机采集、处理、运算、记录、报告、存储检测数据时，应制定相应的控制程序。

（6）检验报告的编制、审核、签发。检验报告是实验工作的最终结果，是实验室的产品，因此对检验报告质量要高度重视。检验报告应做到完整、准确、清晰、结论正确。必须坚持三级审核制度，明确制表、审核、签发的职责。

（二）实验室间质量控制

为提高实验室之间分析结果的可比性，可采用发放物质对实验室进行质量监督和控制。

由参加测试的实验室对组织单位发放的试样进行分析测定，通过数据汇总、方差分析，对实验室水平进行评估。

（1）发放标准物质，便于实验室对仪器、基准物质及方法进行核正，消除系统误差。

（2）发放考核样品，了解分析质量。

（3）上级主管部门对实验室进行质量验收，提高实验室检测水平。

第三节　耕种土壤养分现状分析

2008年土样4 134个，2009年测定2 223个，以后逐年减少，我们以2008年的土样数据作详细分析，然后将2008—2011年四年的变化情况进行汇总比较。

一、2008年淮上区土壤养分分析与评价

1. pH

全区土壤pH为5.16～8.75，平均值为7.56，为弱碱性，弱碱性土壤（pH为7.50～8.50）占多数，因为当地主要是潮土；酸性土壤（pH为5.50～6.50）占12.20%，主要分布在曹老集镇的荷花园、南郢、清河、曹郢、路西等村，约有18 km^2。具体情况如表3－1、表3－2和表3－3所示。

表3－1　淮上区土壤pH概况

总样品数（个）	最大值	最小值	平均值	标准差	缺乏面积（km^2）
4 134	8.75	5.16	7.56	0.83	—

表3－2　淮上区土壤pH分级

≤5.50（强酸性）		5.50～6.50（弱酸性）		6.50～7.50（中性）		7.50～8.50（弱碱性）		>8.50（强碱性）	
样品数（个）	所占比例（%）	样品数（个）	所占比例（%）	样品数（个）	所占比例（%）	样品数（个）	所占比例（%）	样品数（个）	所占比例（%）
5	0.10	503	12.20	723	17.50	2670	64.60	233	5.60

表3－3　淮上区土壤pH的地区分布

乡镇	pH					合计（km^2）
	强酸	酸	中	碱	强碱	
	0～5.50	5.50～6.50	6.50～7.50	7.50～8.50	8.50～14	
小蚌埠镇	0	0	0.03	15.61	0.27	15.91
吴小街镇	0	0	0.13	24.05	1.13	25.30
曹老集镇	0.18	17.95	25.29	12.98	1.32	57.73
梅桥乡	0	40	0.32	33.09	4.33	37.77
合计	0.18	17.95	25.77	85.73	7.05	136.71

2. 有机质

全区土壤有机质为5.90～40.50 g/kg，平均值为15.50 g/kg，为中等水平，缺乏面积111.60 km^2，占全区耕地面积的81.46%。说明淮上区大面积缺乏有机质，需要增施有机肥。具体情况如表3－4、表3－5所示。

表 3－4　淮上区土壤有机质概况

总样品数（个）	最大值（g/kg）	最小值（g/kg）	平均值（g/kg）	标准差	缺乏面积（km^2）
4 134	40.50	5.90	15.50	4.3	111.60

表 3－5　淮上区土壤有机质分级

≤10（g/kg）（缺乏）		10～15（稍缺乏）		15～20（中等）		20～25（较丰富）		>25（丰富）	
样品数（个）	所占比例（%）	样品数（个）	所占比例（%）	样品数（个）	所占比例（%）	样品数（个）	所占比例（%）	样品数（个）	所占比例（%）
424	10.30	2 844	68.80	852	20.60	13	0.30	1	0.02

3. 全　氮

全区土壤全氮为 0.35～1.93 g/kg，平均值为 0.973 g/kg，为稍缺乏水平，缺乏面积 98 km^2，占全区耕地面积的 71.53%。其中，缺氮最严重的是小蚌埠镇，94% 的面积缺氮；缺氮面积最少的是梅桥乡，53% 的面积缺氮。具体情况如表 3－6、表3－7 和表 3－8 所示。

表 3－6　淮上区土壤全氮概况

总样品数（个）	最大值（g/kg）	最小值（g/kg）	平均值（g/kg）	标准差	缺乏面积（km^2）
4 134	1.93	0.35	0.973	0.142	98

表 3－7　淮上区土壤全氮分级

≤0.8(g/kg)（缺乏）		0.8～1.0（稍缺乏）		1.0～1.5（中等）		1.5～2.0（较丰富）		>2.0（丰富）	
样品数（个）	所占比例（%）	样品数（个）	所占比例（%）	样品数（个）	所占比例（%）	样品数（个）	所占比例（%）	样品数（个）	所占比例（%）
284	6.90	2 620	63.40	1 158	28	72	1.70	0	0

表 3－8　淮上区各村缺氮比例

小蚌埠镇	缺 N 比例（%）	吴小街镇	缺 N 比例（%）	曹老集镇	缺 N 比例（%）	梅桥乡	缺 N 比例（%）
方沟	100	八大集	44	曹郢	83	大岗	84
高安	100	滨河	100	杜陈	23	淝北	43
果园	100	淮上	79	淝光	81	淝南	34
金台	100	九台	87	淝河	8	胡口	22
卢台	88	绿雨	85	高吴	73	华圩	53
卢小庙	97	太平岗	68	荷花园	86	淮丰	65
山香	89	吴大台	33	金山湖	69	吕巷	55

续表

小蚌埠镇	缺N比例（%）	吴小街镇	缺N比例（%）	曹老集镇	缺N比例（%）	梅桥乡	缺N比例（%）
双墩	95	吴小街	40	路东	88	梅桥	70
桃园	84	西门渡	76	路西	84	苗台	58
王小沟	95	—	—	南郢	81	天宇	47
吴安	93	—	—	清河	93	杨楼	68
吴郢	93	—	—	杨湖	90	裔湾	81
小蚌埠	100	—	—	周集	85	周口	17
徐岗	89	—	—	周台	8	朱海	47
赵宋	95	—	—	周郢	84	—	—
平均	94	—	68	—	69	—	53

4. 碱解氮

全区土壤碱解氮为40～276 mg/kg，平均值为97 mg/kg，为中等水平，缺乏面积25.13 km^2，占全区耕地面积的18.34%。具体情况如表3－9、表3－10所示。

表3－9 淮上区土壤碱解氮概况

总样品数（个）	最大值（mg/kg）	最小值（mg/kg）	平均值（mg/kg）	标准差	缺乏面积（km^2）
4 134	276	40	97	23.2	25.13

表3－10 淮上区土壤碱解氮分级

≤40（mg/kg）（严重缺乏）		40～80（缺乏）		80～120（中等）		120～200（丰富）		>200（极丰富）	
样品数（个）	所占比例（%）	样品数（个）	所占比例（%）	样品数（个）	所占比例（%）	样品数（个）	所占比例（%）	样品数（个）	所占比例（%）
1	0.02	752	18.20	2 483	60.10	889	21.50	9	0.20

5. 有效磷

全区土壤有效磷为0.40～90.50 mg/kg，平均值为20 mg/kg，为中等水平，缺乏面积29.13 km^2，占全区耕地面积的21.26%。其中，缺磷最严重的是吴小街镇，30%的面积缺磷；缺磷面积最少的是曹老集镇，11%的面积缺磷，缺磷面积50%以上的村有桃园、卢小庙、吴小街。具体情况如表3－11、表3－12和表3－13所示。

表3－11 淮上区土壤有效磷概况

总样品数（个）	最大值（mg/kg）	最小值（mg/kg）	平均值（mg/kg）	标准差	缺乏面积（km^2）
4 134	90.50	0.40	20	11.50	29.13

表 3-12 淮上区土壤有效磷分级

≤5（mg/kg）（严重缺乏）		5~10（缺乏）		10~20（中等）		20~40（较丰富）		>40（丰富）	
样品数（个）	所占比例（%）	样品数（个）	所占比例（%）	样品数（个）	所占比例（%）	样品数（个）	所占比例（%）	样品数（个）	所占比例（%）
140	3.40	741	17.90	1 736	42	1 285	31.10	232	5.60

表 3-13 淮上区各村缺磷比例%

小蚌埠镇	缺磷比例（%）	吴小街镇	缺磷比例（%）	曹老集镇	缺磷比例（%）	梅桥乡	缺磷比例（%）
方沟	0	八大集	33	曹郢	10	大岗	2
高安	8	滨河	4	杜陈	9	淝北	34
果园	10	淮上	16	淝光	13	淝南	46
金台	9	九台	44	淝河	3	胡口	20
卢台	0	绿雨	10	高吴	19	华圩	27
卢小庙	79	太平岗	35	荷花园	18	淮丰	3
山香	0	吴大台	33	金山湖	18	吕巷	0
双墩	43	吴小街	50	路东	10	梅桥	29
桃园	84	西门渡	41	路西	14	苗台	2
王小沟	0	—	—	南郢	16	天宇	12
吴安	14	—	—	清河	13	杨楼	12
吴郢	41	—	—	杨湖	4	裔湾	0
小蚌埠	0	—	—	周集	12	周口	11
徐岗	37	—	—	周台	2	朱海	40
赵宋	3	—	—	周郢	0	—	—
平均	22	—	30	—	11	—	17

6. 全 钾

全区土壤全钾为 20.07~28.33 mg/kg，平均值为 23.73 mg/kg，为中等水平，由于母质含钾较丰富，全区土壤不缺全钾。具体情况如表 3-14、表 3-15 所示。

表 3-14 淮上区土壤全钾概况

总样品数（个）	最大值（mg/kg）	最小值（mg/kg）	平均值（mg/kg）	标准差	缺乏面积（km^2）
671	28.33	20.07	23.73	1.25	0

表 3-15　淮上区土壤全钾分级

≤10(g/kg)（缺乏）		10~20（稍缺乏）		20~30（中等）		30~40（较丰富）		>40（丰富）	
样品数（个）	所占比例（%）	样品数（个）	所占比例（%）	样品数（个）	所占比例（%）	样品数（个）	所占比例（%）	样品数（个）	所占比例（%）
0	0	0	0	671	100	0	0	0	0

7. 缓效钾

全区土壤缓效钾为 245~1 520 mg/kg，平均值为 834 mg/kg，为较丰富水平，缺乏面积 2.60 km^2，占全区耕地面积的 1.90%。缓效钾反映土壤的供钾潜力，测定结果表明全区土壤供钾潜力较强。具体情况如表 3-16、表 3-17 所示。

表 3-16　淮上区土壤缓效钾概况

总样品数（个）	最大值（mg/kg）	最小值（mg/kg）	平均值（mg/kg）	标准差	缺乏面积（km^2）
4 134	1 520	245	834	154	2.60

表 3-17　淮上区土壤缓效钾分级

≤300（mg/kg）（缺乏）		300~500（稍缺乏）		500~800（中等）		800~1 000（较丰富）		>1000（丰富）	
样品数（个）	所占比例（%）	样品数（个）	所占比例（%）	样品数（个）	所占比例（%）	样品数（个）	所占比例（%）	样品数（个）	所占比例（%）
2	0.05	75	1.81	1 508	36.50	1 949	47.10	600	14.50

8. 速效钾

全区土壤速效钾为 31~364 mg/kg，平均值为 156 mg/kg，为较丰富水平，缺乏面积 14 km^2，占全区耕地面积的 10.22%。速效钾反映当季土壤的供钾能力，测定结果表明全区土壤供钾能力较强，尤其是吴小街镇，基本不缺钾；但也有部分土壤缺钾，需要增施钾肥，如小蚌埠镇的方沟、高安、果园、卢台、卢小庙、吴安、赵宋，曹老集镇的荷花园、路东、周集、周郢、杜陈，梅桥乡的淝北、周口、裔湾、杨楼等村，都有 20% 以上的面积缺钾或有上千亩面积缺钾。具体情况如表 3-18、表 3-19 和表 3-20 所示。

表 3-18　淮上区土壤速效钾概况

总样品数（个）	最大值（mg/kg）	最小值（mg/kg）	平均值（mg/kg）	标准差	缺乏面积（km^2）
4 134	364	31	156	47	14

表 3-19 淮上区土壤速效钾分级

≤50(mg/kg)(缺乏)		50~100(稍缺乏)		100~150(中等)		150~200(较丰富)		>200(丰富)	
样品数(个)	所占比例(%)	样品数(个)	所占比例(%)	样品数(个)	所占比例(%)	样品数(个)	所占比例(%)	样品数(个)	所占比例(%)
4	0.10	428	10.40	1 541	37.30	1 323	32	838	20.30

表 3-20 淮上区各村缺钾比例

小蚌埠镇	缺钾比例(%)	吴小街镇	缺钾比例(%)	曹老集镇	缺钾比例(%)	梅桥乡	缺钾比例(%)
方沟	46	八大集	2	曹郢	6	大岗	0
高安	31	滨河	4	杜陈	17	淝北	31
果园	33	淮上	0	淝光	2	淝南	10
金台	18	九台	0	淝河	14	胡口	12
卢台	25	绿雨	2	高吴	3	华圩	12
卢小庙	21	太平岗	0	荷花园	12	淮丰	11
山香	6	吴大台	0	金山湖	11	吕巷	0
双墩	0	吴小街	0	路东	22	梅桥	16
桃园	9	西门渡	0	路西	7	苗台	2
王小沟	0	—	—	南郢	11	天宇	1
吴安	21	—	—	清河	3	杨楼	22
吴郢	0	—	—	杨湖	3	裔湾	24
小蚌埠	29	—	—	周集	25	周口	37
徐岗	0	—	—	周台	2	朱海	3
赵宋	27	—	—	周郢	73	—	—
平均	18	—	1	—	14	—	13

9. 有效铁

全区土壤有效铁为 4.60~88.60 mg/kg，平均值为 38.10 mg/kg，为丰富水平，缺乏面积 2 km^2，占全区耕地面积的 1.46%。全区土壤供铁能力较强，缺铁面积很少，一般不需要施用铁肥。具体情况如表 3-21、表 3-22 所示。

表 3-21 淮上区土壤有效铁概况

总样品数(个)	最大值(mg/kg)	最小值(mg/kg)	平均值(mg/kg)	标准差	缺乏面积(km^2)
4 134	88.60	4.60	38.10	19	2

表 3－22　淮上区土壤有效铁分级

≤5（mg/kg）（缺乏）		5～10（稍缺乏）		10～30（中等）		30～300（丰富）		>300（极丰富）	
样品数（个）	所占比例（%）	样品数（个）	所占比例（%）	样品数（个）	所占比例（%）	样品数（个）	所占比例（%）	样品数（个）	所占比例（%）
1	0	118	2.90	1 641	39.70	2 374	57.40	0	0

10. **有效锰**

全区土壤有效锰为 2.50～72.10 mg/kg，平均值为 26.30 mg/kg，为丰富水平，缺乏面积 0.80 km^2，占全区耕地面积的 0.58%。全区土壤供锰能力较强，缺锰面积很少，一般不需要施用锰肥。缺锰土壤主要集中在梅桥乡天宇村和梅桥村。具体情况如表 3－23、表 3－24 和表 3－25 所示。

表 3－23　淮上区土壤有效锰概况

总样品数（个）	最大值（mg/kg）	最小值（mg/kg）	平均值（mg/kg）	标准差	缺乏面积（km^2）
4 134	72.10	2.50	26.30	14.20	0.80

表 3－24　淮上区土壤有效锰分级

≤2.5（mg/kg）（缺乏）		2.5～5.0（稍缺乏）		5.0～15.0（中等）		15.0～150.0（丰富）		>150.0（极丰富）	
样品数（个）	所占比例（%）	样品数（个）	所占比例（%）	样品数（个）	所占比例（%）	样品数（个）	所占比例（%）	样品数（个）	所占比例（%）
1	0	24	0.60	1 388	33.60	2 721	65.80	0	0

表 3－25　淮上区各村缺锰比例

小蚌埠镇	缺锰比例（%）	吴小街镇	缺锰比例（%）	曹老集镇	缺锰比例（%）	梅桥乡	缺锰比例（%）
方沟	0	八大集	0	曹郢	0	大岗	0
高安	0	滨河	0	杜陈	2	淝北	1
果园	0	淮上	2	淝光	0	淝南	0
金台	0	九台	0	淝河	0	胡口	2
卢台	0	绿雨	0	高吴	0	华圩	0
卢小庙	0	太平岗	2	荷花园	0	淮丰	0
山香	0	吴大台	0	金山湖	0	吕巷	0
双墩	0	吴小街	0	路东	0	梅桥	4
桃园	0	西门渡	0	路西	0	苗台	0

续表

小蚌埠镇	缺锰比例（%）	吴小街镇	缺锰比例（%）	曹老集镇	缺锰比例（%）	梅桥乡	缺锰比例（%）
王小沟	0	—	—	南郢	0	天宇	6
吴安	0	—	—	清河	0	杨楼	0
吴郢	0	—	—	杨湖	0	裔湾	0
小蚌埠	0	—	—	周集	0	周口	3
徐岗	0	—	—	周台	0	朱海	0
赵宋	0	—	—	周郢	0	—	—
平均	0	—	1	—	0	—	1

11. 有效铜

全区土壤有效铜为0.14～12.63 mg/kg，平均值为2.79 mg/kg，为较丰富水平，缺乏面积2.67 km^2，占全区耕地面积的1.95%。全区土壤供铜能力较强，缺铜面积很少，一般不需要施用铜肥。具体情况如表3－26、表3－27所示。

表3－26 淮上区土壤有效铜概况

总样品数（个）	最大值（mg/kg）	最小值（mg/kg）	平均值（mg/kg）	标准差	缺乏面积（km^2）
4 134	12.63	0.14	2.79	1.18	2.67

表3－27 淮上区土壤有效铜分级

≤0.5（mg/kg）（缺乏）		0.5～1（稍缺乏）		1～2（中等）		2～3（较丰富）		>3（丰富）	
样品数（个）	所占比例（%）	样品数（个）	所占比例（%）	样品数（个）	所占比例（%）	样品数（个）	所占比例（%）	样品数（个）	所占比例（%）
2	0	77	1.90	922	22.30	1 871	45.30	1 262	30.50

12. 有效锌

全区土壤有效锌为0.02～7.11 mg/kg，平均值为1.61 mg/kg，为较缺乏水平，缺乏面积98.33 km^2，占全区耕地面积的71.77%。全区土壤大面积缺锌，需要施用锌肥，但梅桥乡例外，全乡只有14%的面积缺锌。具体情况如表3－28、表3－29和表3－30所示。

表3－28 淮上区土壤有效锌概况

总样品数（个）	最大值（mg/kg）	最小值（mg/kg）	平均值（mg/kg）	标准差	缺乏面积（km^2）
4 134	7.11	0.02	1.61	1.14	98.33

表 3-29 淮上区土壤有效锌分级

≤1.0 (mg/kg)(缺乏)		1.0~2.0(稍缺乏)		2.0~3.0(中等)		3.0~6.0(较丰富)		>6.0(丰富)	
样品数(个)	所占比例(%)	样品数(个)	所占比例(%)	样品数(个)	所占比例(%)	样品数(个)	所占比例(%)	样品数(个)	所占比例(%)
1 782	43.10	969	23.40	880	21.30	493	11.90	10	0.20

表 3-30 淮上区各村缺锌比例

小蚌埠镇	缺锌比例(%)	吴小街镇	缺锌比例(%)	曹老集镇	缺锌比例(%)	梅桥乡	缺锌比例(%)
方沟	7	八大集	100	曹郢	97	大岗	26
高安	62	滨河	100	杜陈	95	淝北	13
果园	33	淮上	100	淝光	100	淝南	18
金台	27	九台	89	淝河	100	胡口	10
卢台	38	绿雨	92	高吴	100	华圩	13
卢小庙	100	太平岗	97	荷花园	98	淮丰	0
山香	78	吴大台	67	金山湖	100	吕巷	1
双墩	95	吴小街	100	路东	98	梅桥	3
桃园	84	西门渡	99	路西	99	苗台	30
王小沟	24	—	—	南郢	97	天宇	15
吴安	66	—	—	清河	100	杨楼	43
吴郢	100	—	—	杨湖	99	裔湾	0
小蚌埠	29	—	—	周集	100	周口	9
徐岗	100	—	—	周台	69	朱海	16
赵宋	35	—	—	周郢	95	—	—
平均	58	—	94	—	96	—	14

13. **有效硼**

全区土壤有效硼为 0.01~1.63 mg/kg，平均值为 0.27 mg/kg，为中等水平，缺乏面积 34.87 km^2，占全区耕地面积的 25.45%。缺硼地区主要集中在小蚌埠、吴小街、梅桥 3 个乡镇，尤其是朱海、双墩、九台、大岗、天宇等村，缺乏面积在 2 km^2 以上，徐岗、双墩、吴郢、大岗的缺硼比例在 70% 以上。这些地区土壤硼肥有效，尤其在种植油菜时需要硼肥。具体情况如表 3-31、表 3-32 和表 3-33 所示。

表 3-31　淮上区土壤有效硼概况

总样品数（个）	最大值（mg/kg）	最小值（mg/kg）	平均值（mg/kg）	标准差	缺乏面积（km^2）
4 134	1.63	0.01	0.27	0.10	34.87

表 3-32　淮上区土壤有效硼分级

≤0.10（mg/kg）（缺乏）		0.1~0.2（稍缺乏）		0.2~0.6（中等）		0.6~8.0（丰富）		>8.0（极丰富）	
样品数（个）	所占比例（%）	样品数（个）	所占比例（%）	样品数（个）	所占比例（%）	样品数（个）	所占比例（%）	样品数（个）	所占比例（%）
231	5.60	856	20.70	2 974	71.90	73	1.80	0	0

表 3-33　淮上区各村缺硼比例

小蚌埠镇	缺硼比例（%）	吴小街镇	缺硼比例（%）	曹老集镇	缺硼比例（%）	梅桥乡	缺硼比例（%）
方沟	0	八大集	20	曹郢	6	大岗	76
高安	0	滨河	65	杜陈	1	淝北	13
果园	0	淮上	64	淝光	8	淝南	14
金台	0	九台	62	淝河	0	胡口	19
卢台	0	绿雨	3	高吴	3	华圩	20
卢小庙	45	太平岗	52	荷花园	6	淮丰	5
山香	67	吴大台	17	金山湖	21	吕巷	50
双墩	78	吴小街	60	路东	5	梅桥	48
桃园	69	西门渡	41	路西	5	苗台	66
王小沟	24	—	—	南郢	6	天宇	65
吴安	34	—	—	清河	4	杨楼	10
吴郢	72	—	—	杨湖	12	裔湾	2
小蚌埠	0	—	—	周集	20	周口	23
徐岗	80	—	—	周台	5	朱海	61
赵宋	19	—	—	周郢	11	—	—
平均	32	—	43	—	7	—	34

14. 有效硫

全区土壤有效硫为 1.10~122.90 mg/kg，平均值为 34.30 mg/kg，为较丰富水平，缺乏面积 26.67 km^2，占全区耕地面积的 19.47%。全区土壤虽然总体含硫较丰富，但仍有相当部分的面积缺硫，梅桥乡缺硫最严重。全区缺硫面积较多或缺硫比例较大（30%以上）的村有：朱海、胡口、华圩、淝北、梅桥、周郢、周集、荷花园、南郢、双墩、吴郢，这些地区需要注意硫肥的施用。具体情况如表 3－34、表 3－35 和表 3－36 所示。

表 3－34　淮上区土壤有效硫概况

总样品数（个）	最大值（mg/kg）	最小值（mg/kg）	平均值（mg/kg）	标准差	缺乏面积（km^2）
4 134	122.90	1.10	34.30	16.90	26.67

表 3－35　淮上区土壤有效硫分级

≤10（mg/kg）（缺乏）		10～20（稍缺乏）		20～30（中等）		30～40（较丰富）		>40（丰富）	
样品数（个）	所占比例（%）	样品数（个）	所占比例（%）	样品数（个）	所占比例（%）	样品数（个）	所占比例（%）	样品数（个）	所占比例（%）
214	5.20	635	15.40	921	22.30	1 374	33.20	990	23.90

表 3－36　淮上区各村缺硫比例

小蚌埠镇	缺硫比例（%）	吴小街镇	缺硫比例（%）	曹老集镇	缺硫比例（%）	梅桥乡	缺硫比例（%）
方沟	4	八大集	7	曹郢	15	大岗	1
高安	8	滨河	23	杜陈	0	淝北	32
果园	13	淮上	9	淝光	20	淝南	14
金台	9	九台	14	淝河	0	胡口	39
卢台	13	绿雨	0	高吴	24	华圩	55
卢小庙	21	太平岗	5	荷花园	22	淮丰	0
山香	0	吴大台	0	金山湖	22	吕巷	6
双墩	38	吴小街	0	路东	19	梅桥	30
桃园	22	西门渡	4	路西	24	苗台	24
王小沟	5	—	—	南郢	24	天宇	15
吴安	14	—	—	清河	19	杨楼	6
吴郢	39	—	—	杨湖	19	裔湾	5
小蚌埠	0	—	—	周集	37	周口	20
徐岗	24	—	—	周台	0	朱海	68
赵宋	5	—	—	周郢	49	—	—
平均	14	—	7	—	20	—	22

15. 有效钼

全区土壤有效钼为 0.10～0.24 mg/kg，平均值为 0.17 mg/kg，为中等水平，缺乏面积35.93 km^2，占全区耕地面积的26.23%。该区土壤有相当部分的面积缺钼，豆科作物尤其需要注意钼肥的施用。具体情况如表3－37、表3－38所示。

表3－37 淮上区土壤有效钼概况

总样品数（个）	最大值（mg/kg）	最小值（mg/kg）	平均值（mg/kg）	标准差	缺乏面积（km^2）
671	0.24	0.10	0.17	0.044	35.93

表3－38 淮上区土壤有效钼分级

≤0.10（mg/kg）（缺乏）		0.10～0.15（稍缺乏）		0.15～0.20（中等）		0.20～0.25（较丰富）		>0.25（丰富）	
样品数（个）	所占比例（%）	样品数（个）	所占比例（%）	样品数（个）	所占比例（%）	样品数（个）	所占比例（%）	样品数（个）	所占比例（%）
58	8.60	119	17.70	273	40.70	221	32.90	0	0

16.2008年淮上区土壤养分状况总结

（1）全区土壤多数呈弱碱性，大田无盐渍化现象，供钾潜力较强，总体肥力水平中等；

（2）不同养分有很大差异，普遍缺氮缺锌缺有机质（占全区耕地面积的62%～80%），基本不缺铁锰铜，相当一部分土壤缺磷钾硼硫钼（占全区耕地面积的10%～27%）；

（3）需要向土壤大量补充氮锌和有机质，注意有针对性地施用磷钾硼硫钼肥料，少数地块还需要补充铁锰铜肥。

二、2008—2011年淮上区土壤养分变化比较分析

1. pH

2008—2001年，淮上区土壤pH变化不大，如表3－39所示。

表3－39 四年来淮上区土壤pH变化情况

年度	总样品数（个）	最大值	最小值	平均值	标准差
2008	4 134	8.75	5.16	7.40	0.83
2009	2 223	8.61	6.11	7.36	0.52
2010	957	8.67	6.06	7.44	0.47
2011	299	8.40	6.47	7.42	0.26

2. 有机质

2008—2011年，淮上区土壤有机质逐年有所上升，说明最近2年推广有机肥见了成效，缺乏面积有所减少，如表3－40所示。值得一提的是，表中2011年由于样本数量较少，缺乏面积出现了偏差，这是个例。

表 3－40　四年来淮上区土壤有机质变化情况

年度	总样品数（个）	最大值（g/kg）	最小值（g/kg）	平均值（g/kg）	标准差	缺乏面积（km^2）
2008	4 134	40.50	5.90	17.60	4.30	104.93
2009	2 223	35.30	8.20	17.10	2.50	93.87
2010	957	30.34	5.70	17.80	3.80	91.33
2011	299	24.30	12.90	18.20	1.40	134

3. 全　氮

2008—2011 年，全区全氮缺乏面积也有所下降，如表 3－41 所示。

表 3－41　四年来淮上区土壤全氮变化情况

年度	总样品数（个）	最大值（g/kg）	最小值（g/kg）	平均值（g/kg）	标准差	缺乏面积（km^2）
2008	4 134	1.93	0.35	0.97	0.142	98
2009	2 223	1.61	0.30	0.98	0.057	104.67
2010	957	1.61	0.69	0.98	0.11	84.67
2011	299	1.27	0.83	0.99	0.073	81.80

4. 碱解氮

2008－2011 年，全区土壤碱解氮含量有所上升，说明氮肥施用充足，如表 3－42 所示。

表 3－42　四年来淮上区土壤碱解氮变化情况

年度	总样品数（个）	最大值（mg/kg）	最小值（mg/kg）	平均值（mg/kg）	标准差	缺乏面积（km^2）
2008	4 134	276	40	97	23	25.13
2009	2 223	210	39	99	23	26.20
2010	957	208	53	102	18	10.33
2011	299	201	53	105	30	25.60

5. 有效磷

2008—2010 年，土壤有效磷有快速增长趋势，说明磷肥施用量过大，经过测土配方施肥的宣传推广工作，磷肥用量得到控制，2011 年土壤有效磷含量趋于稳定，如表 3－43 所示。

表 3－43　四年来淮上区土壤有效磷变化情况

年度	总样品数（个）	最大值（mg/kg）	最小值（mg/kg）	平均值（mg/kg）	标准差	缺乏面积（km^2）
2008	4 134	90.50	0.40	20	11.50	29.13
2009	2 223	180	0.10	25.10	21.20	17.67
2010	957	102.50	2.50	29.70	12.90	3.67
2011	299	94.40	6.60	29.50	14.40	3.20

6. 全 钾（如表3－44所示）

表3－44 四年来淮上区土壤全钾变化情况

年度	总样品数（个）	最大值（mg/kg）	最小值（mg/kg）	平均值（mg/kg）	标准差	缺乏面积（km^2）
2008	671	28.30	20.10	23.70	1.25	0
2009	221	26.70	19.10	22.10	1.30	0.20
2010	96	27.20	21.20	23.30	1.10	0
2011	30	25.40	21.90	23.60	1.12	0

7. 缓效钾

2008—2010年，全区土壤缓效钾有下降趋势，说明钾肥施用量不足，不能满足作物生长需要，导致钾的储存库——缓效钾出现亏空，长此以往将导致土壤缺钾，经过测土配方施肥的宣传推广工作，钾肥用量得到改善，2011年土壤缓效钾含量止跌回升，速效钾含量也有类似趋势，如表3－45、表3－46所示。

表3－45 四年来淮上区土壤缓效钾变化情况

年度	总样品数（个）	最大值（mg/kg）	最小值（mg/kg）	平均值（mg/kg）	标准差	缺乏面积（km^2）
2008	4 134	1 520	245	834	154	2.60
2009	2 223	1 585	185	762	191	2.40
2010	957	1 296	143	757	121	2.47
2011	299	1 062	619	814	103	0

8. 速效钾

表3－46 四年来淮上区土壤速效钾变化情况

年度	总样品数（个）	最大值（mg/kg）	最小值（mg/kg）	平均值（mg/kg）	标准差	缺乏面积（km^2）
2008	4 134	364	31	156	47	14
2009	2 223	372	44	151	48	20.87
2010	957	308	83	154	30	0.80
2011	299	279	73	164	48	9.60

9. 有效铁

全区土壤基本不缺铁，如表3－47所示。

表3－47 四年来淮上区土壤有效铁变化情况

年度	总样品数（个）	最大值（mg/kg）	最小值（mg/kg）	平均值（mg/kg）	标准差	缺乏面积（km^2）
2008	4 134	88.60	4.60	38.10	19	4
2009	2 223	100.20	0.30	43.50	23.90	3.53
2010	957	90.80	13.20	43.80	20.30	0
2011	299	81.80	3.20	43.90	23.70	11

10. 有效锰

全区土壤基本不缺锰，如表3-48所示。

表3-48　四年来淮上区土壤有效锰变化情况

年度	总样品数（个）	最大值（mg/kg）	最小值（mg/kg）	平均值（mg/kg）	标准差	缺乏面积（km^2）
2008	4 134	72.10	2.50	26.30	14.20	0.80
2009	2 223	50.20	5.90	25.30	10.50	0
2010	957	58.20	1.30	25.60	13.30	0.13
2011	299	107.70	4.50	25.10	17.80	0.47

11. 有效铜

全区土壤基本不缺铜，如表3-49所示。

表3-49　四年来淮上区土壤有效铜变化情况

年度	总样品数（个）	最大值（mg/kg）	最小值（mg/kg）	平均值（mg/kg）	标准差	缺乏面积（km^2）
2008	4 134	12.63	0.14	2.79	1.18	2.67
2009	2 223	14.01	0.01	2.81	0.82	3.40
2010	957	6.34	1.57	2.82	0.45	0
2011	299	4.05	1.33	2.79	0.76	0

12. 有效锌

全区土壤缺锌面积很大，达80%以上，由于2012年测土配方施肥的推广工作，全区土壤有效锌平均含量停止了下跌趋势，但缺乏面积仍然很大，如表3-50所示。

表3-50　四年来淮上区土壤有效锌变化情况

年度	总样品数（个）	最大值（mg/kg）	最小值（mg/kg）	平均值（mg/kg）	标准差	缺乏面积（km^2）
2008	4 134	7.11	0.02	1.61	1.14	98.33
2009	2 223	9.44	0.02	1.51	0.91	108.73
2010	957	7.53	0.23	1.41	1	110.87
2011	299	7.24	0.60	1.48	1.22	119.73

13. 有效硼

2008—2011年，全区土壤有效硼含量变化不大，如表3-51所示。

表3-51　四年来淮上区土壤有效硼变化情况

年度	总样品数（个）	最大值（mg/kg）	最小值（mg/kg）	平均值（mg/kg）	标准差	缺乏面积（km^2）
2008	4 134	1.63	0.01	0.27	0.10	34.87
2009	2 223	0.63	0.04	0.24	0.05	28.40
2010	957	0.56	0.02	0.28	0.10	27.40
2011	299	0.41	0.13	0.26	0.05	22.40

14. 有效硫

全区土壤含硫较丰富，但仍有部分（20%左右）土壤缺硫，如表3-52所示。

表3-52　四年来淮上区土壤有效硫变化情况

年度	总样品数（个）	最大值（mg/kg）	最小值（mg/kg）	平均值（mg/kg）	标准差	缺乏面积（km^2）
2008	4 134	122.90	1.10	34.30	16.90	6.67
2009	2 223	140.80	2.40	29.30	15.40	10.27
2010	957	73.80	11.90	31.30	9.70	11.73
2011	299	44.70	11.30	29.40	5.30	2.27

15. 有效钼

全区土壤有效钼含量在逐年降低，缺乏面积逐年扩大，如表3-53所示。

表3-53　四年来淮上区土壤有效钼变化情况

年度	总样品数（个）	最大值（mg/kg）	最小值（mg/kg）	平均值（mg/kg）	标准差	缺乏面积（km^2）
2008	671	0.24	0.10	0.17	0.044	35.93
2009	221	0.24	0.01	0.15	0.052	59.47
2010	96	0.27	0.04	0.14	0.07	58.40
2011	299	0.23	0.09	0.14	0.03	9.60

16. 总　结

（1）全区土壤含量水平显著提高的养分是有效磷、速效钾和缓效钾。有效磷是2008—2010年迅速上升，2011年稳定，达较丰富水平；速效钾和缓效钾是2008—2010年下跌，2011年回升至较丰富水平。说明四年来特别是近年来全区投入土壤的磷钾肥数量合理，以后可保持这种磷钾肥用量。

（2）全区其他养分四年变化不大，但土壤有机质和有效锌含量有上升趋势，有效钼含量有下跌趋势。

第四章　田间试验及施肥指标体系建立

第一节　田间试验

一、试验设计

依据《测土配方施肥技术规范（试行）修订稿》要求，参照省3414肥效试验方案结合本区实际，设置了3414试验和推荐施肥示范试验。3414试验主要针对水稻、小麦、芹菜，分别采用3414完全实施和部分实施方案，3次重复和多点无重复设计。推荐施肥示范试验设置测土配方施肥、习惯施肥和空白对照三个处理。3414试验方案中2水平施肥量的设置，根据土壤肥力和作物产量水平及农民施肥水平决定。水稻“3414”肥效试验设计 $N_2P_2K_2$ 分别为11.50 kg、6 kg、7.50 kg，小麦“3414”肥效试验设计 $N_2P_2K_2$ 分别为11 kg、6 kg、5 kg，芹菜“3414”肥效试验设计 $N_2P_2K_2$ 分别为15 kg、4 kg、12 kg。

2008—2010年在具有代表性的土壤上（占总面积的62%）共完成水稻、小麦、芹菜肥料效应田间试验和示范试验90个，获得了大量有价值的试验结果。

二、结果分析

肥料效应方程的建立。根据3414肥料效应试验结果，运用回归分析建立水稻、小麦、芹菜三元二次方程分别为：

$$y = 366.6786 + 15.8344x_1 - 0.6219x_1^2 + 10.2814x_2 - 0.1105x_2^2 - 0.969x_3 + 0.4105x_3^2 - 0.0524x_1x_2 + 0.5725x_1x_3 - 1.139x_2x_3$$

$$y = 108.4524 + 34.74095x_1 - 1.206565x_1^2 + 27.53941x_2 - 2.04743x_2^2 - 11.54939x_3 - 3.37738x_3^2 - 0.16954x_1x_2 + 1.503167x_1x_3 - 0.45174x_2x_3$$

$$y = 3505.489 + 245.7586x_1 - 11.6405x_1^2 + 575.7095x_2 - 117.524x_2^2 + 86.5775x_3 - 6.6377x_3^2 - 20.7746x_1x_2 + 2.5814x_1x_3 - 1.0091x_2x_3$$

方程的相关系数和F检验值均达显著水平。这说明回归方程所表达的施肥量与产量之间的相关性很好。

试验结果可用于与试验条件相近的地块，面积约占全区耕地面积的70%左右。其余的地块可根据土壤肥力差异在此基础上适当增减20%的肥料。

三、水稻、小麦、芹菜最高施肥量的确定

（一）最高产量施肥量

根据数学原理，达到最高产量时，边际产量$\frac{dy}{dx}=0$。对三元二次数学模式，求Y对氮、磷、钾的偏导数，并令其为0，即可求出水稻、小麦最高产量及施肥量。

根据水稻肥料效应方程可计算出最大产量为510.70 kg/亩，相应的施肥量为：氮（N）15.10 kg/亩，磷（P_2O_5）11.20 kg/亩，钾（K_2O）6.2 kg/亩。根据小麦肥料效应方程可计算出最高产量为512.80 kg/亩，相应的施肥量为：氮（N）17.20 kg/亩，磷（P_2O_5）5.40 kg/亩，钾（K_2O）5.20 kg/亩。根据芹菜肥料效应方程可计算出最高产量为6 803 kg/亩，相应的施肥量为：氮（N）15.10 kg/亩，磷（P_2O_5）3.90 kg/亩，钾（K_2O）9.20 kg/亩。

（二）最佳施肥量及推荐施肥量的确定

最佳施肥量为边际产值等于边际成本时的施肥量。

水稻：当肥料成本氮（N）4.26 元/kg，磷（P_2O_5）6.25 元/kg，钾（K_2O）6.17 元/kg，水稻价格为1.80 元/ kg，求得最佳产量施肥量为氮（N）12.30 kg/亩，磷（P_2O_5）6.50 kg/亩，钾（K_2O）3.90 kg/亩。

小麦：当肥料成本氮（N）4.13 元/kg，磷（P_2O_5）9.38 元/kg，钾（K_2O）8.17 元/kg，小麦价格为1.78 元/kg，根据肥料效应方程求得最佳产量为499.4 kg/亩，最佳产量施肥量为氮（N）15.87 kg/亩，磷（P_2O_5）4.20 kg/亩，钾（K_2O）4.25 kg/亩。

芹菜：当肥料成本氮（N）4.13 元/kg，磷（P_2O_5）9.38 元/kg，钾（K_2O）8.17 元/kg，芹菜价格为1.20 元/kg，根据肥料效应方程求得最佳产量为6 650 kg/亩，最佳产量施肥量为氮（N）14 kg/亩，磷（P_2O_5）4 kg/亩，钾（K_2O）8 kg/亩。

依据淮上区3414田间试验结果，在目前农业生产条件下，与试验区土壤、种植制度及栽培技术相近的地块，水稻的推荐施肥量为氮（N）12 kg/亩、磷（P_2O_5）2～4 kg/亩、钾（K_2O）6 kg/亩。小麦高产、优质栽培的推荐施肥量为：氮（N）16 kg/亩，磷（P_2O_5）4 kg/亩，钾（K_2O）4 kg/亩。芹菜最佳产量施肥量为：氮（N）14 kg/亩，磷（P_2O_5）4 kg/亩，钾（K_2O）8 kg/亩。

第二节　施肥指标体系建立

根据3414试验成果和土壤、植物分析测试结果，运用数理统计的方法计算养分平衡法施肥参数，并建立土壤养分丰缺指标体系。

通过连续三年的取土测试、分析和肥效试验，基本摸清了淮上区土壤养分分布状况及变化规律，根据作物需肥规律、土壤供肥能力和肥料利用率等基本参数，通

过专家和农技人员论证由最初的经验配方制定出更加科学合理的施肥配方，构建了淮上区主要作物施肥指标体系。

一、主要作物养分平衡法施肥参数

（一）水　稻

1. 水稻单位产量需肥量，如表 4－1 所示

表 4－1　水稻单位产量需肥量

试验编号	处理	单位产量需养分量（kg/100 kg）		
		N	P_2O_5	K_2O
1	$N_0P_0K_0$	1.725	1.13	2.92
2	$N_0P_1K_1$	1.81	1.16	3.02
3	$N_1P_0K_1$	2.01	1.08	3.12
4	$N_1P_1K_1$	2.17	1.14	3.32
5	$N_1P_1K_0$	2.23	1.11	3.22

2. 土壤养分校正系数

（1）N 校正系数：0.335～0.359。

（2）P_2O_5 校正系数：1.732～5.655。

（3）K_2O 校正系数：0.747～0.852。

3. 肥料利用率

（1）氮肥利用率：33.80%～35.10%。

（2）磷肥利用率：4.30%～17.40%。

（3）钾肥利用率：9.10%～72.60%。

4. 推荐施肥方案

（1）建议最佳施氮量：14 kg/亩。

（2）建议最佳施磷量：4 kg/亩。

（3）建议最佳施钾量：4 kg/亩。

5. 分区施肥推荐

（1）小蚌埠缺有机质和氮锌，增加氮肥 2 kg/亩。

（2）吴小街磷和锌不足，增加磷肥 2 kg/亩。

（3）曹老集钾和锌相对较少，增加钾肥 1 kg/亩。

（4）梅桥居全区平均水平。

（5）全区均应施锌肥 2 kg/亩。

（二）小　麦

1. 小麦单位产量需肥量，如表 4－2 所示

表 4－2　小麦单位产量需肥量

试验编号	处理	单位产量需养分量（kg/100 kg）		
		N	P_2O_5	K_2O
1	$N_0P_0K_0$	3.38	1.81	2.79
2	$N_0P_1K_1$	3.24	1.79	2.72
3	$N_1P_0K_1$	2.48	1.12	2.59
4	$N_1P_1K_1$	2.39	1.15	2.77
5	$N_1P_1K_0$	2.45	1.16	2.61

2. 土壤养分校正系数

（1）N 校正系数：0.408～0.50。

（2）P_2O_5 校正系数：0.999～1.952。

（3）K_2O 校正系数：0.376～0.535。

3. 肥料利用率

（1）氮肥利用率：25.20%～31.60%。

（2）磷肥利用率：7.30%～12.40%。

（3）钾肥利用率：16.90%～36.30%。

4. 推荐施肥方案

（1）建议最佳施氮量：13 kg/亩。

（2）建议最佳施磷量：5 kg/亩。

（3）建议最佳施钾量：5 kg/亩。

5. 分区施肥推荐

（1）小蚌埠缺有机质和氮锌，增加氮肥 2 kg/亩。

（2）吴小街磷和锌不足，增加磷肥 2 kg/亩。

（3）曹老集钾和锌相对较少，增加钾肥 1 kg/亩。

（4）梅桥居全区平均水平。

（5）全区均应施锌肥 2 kg/亩。

（三）芹　菜

1. 芹菜单位产量需肥量，如表 4－3 所示

表 4－3　芹菜单位产量需肥量

试验编号	处理	单位产量需养分量（kg/100 kg）		
		N	P_2O_5	K_2O
1	$N_0P_0K_0$	0.18	0.060	0.346
2	$N_0P_1K_1$	0.17	0.064	0.341
3	$N_1P_0K_1$	0.19	0.061	0.387
4	$N_1P_1K_1$	0.20	0.063	0.400
5	$N_1P_1K_0$	0.17	0.063	0.324

2. 土壤养分校正系数

（1）N 校正系数：0.269 ~ 0.447。

（2）P_2O_5 校正系数：0.178 ~ 1.053。

（3）K_2O 校正系数：0.639 ~ 0.805。

3. 肥料利用率

（1）氮肥利用率：25.50% ~ 44.05%。

（2）磷肥利用率：24.50% ~ 41.58%。

（3）钾肥利用率：36.30% ~ 65.50%。

4. 推荐施肥方案

（1）建议最佳施氮量：14 kg/亩。

（2）建议最佳施磷量：4 kg/亩。

（3）建议最佳施钾量：8 kg/亩。

5. 分区施肥推荐

（1）小蚌埠缺有机质和氮锌，增加氮肥 2 kg/亩。

（2）吴小街磷和锌不足，增加磷肥 2 kg/亩。

（3）曹老集钾和锌相对较少，增加钾肥 1 kg/亩。

（4）梅桥居全区平均水平。

（5）全区均应施锌肥 2 kg/亩。

二、土壤有效养分丰缺指标体系

丰缺指标体系的建立，主要是依据田间试验结果，运用统计学方法配置相对产量（不施肥农作物产量占全量施肥作物产量的份数）与土壤养分测定值的回归方程，再以相对产量 50%、75%、95% 为界，计算相应的土壤有效养分含量确定。

依据 2008—2010 年的“3414”试验结果，建立了淮上区禾谷类作物（水稻、小麦）土壤有效氮、速效磷、速效钾丰缺指标体系，可用于禾谷类作物施肥时的参考。

（一）土壤有效氮丰缺指标

全区土壤有效氮指标体系，如表 4－4 所示。

表 4－4　土壤有效氮丰缺指标

丰缺等级	土壤有效氮（N）含量（mg/kg）
极低	≤52
低	52 ~ 85
中	85 ~ 195
高	≥195

（二）土壤速效磷丰缺指标

全区土壤速效磷指标体系，如表 4－5 所示。

表4-5　土壤速效磷丰缺指标

丰缺等级	土壤有效磷（P）含量（mg/kg）
极低	≤5
低	5~11
中	11~28
高	≥28

（三）土壤速效钾丰缺指标

全区土壤速效钾指标体系，如表4-6所示。

表4-6　土壤速效钾丰缺指标

丰缺等级	土壤有效钾（K）含量（mg/kg）
极低	≤45
低	45~105
中	105~155
高	≥155

由于存在试验时间较短，试验数量不足的原因，指标体系目前仅供施肥参考，仍需通过研究和应用不断地完善。微量元素丰缺指标因缺乏相关的试验数据无法建立，主要借鉴国家和省里的相关规定执行。

三、测土配方施肥示范、校验和推广

为进一步对测土配方施肥效果进行评价，开展了试验验证，同时进行了1 km^2水稻和1 km^2小麦高产攻关测土配方施肥示范推广。

（一）验证对比试验

（1）测土配方施肥区水稻、小麦、芹菜每亩分别比无肥区增产188.10 kg、168.33 kg、2 000 kg，增产45%、52.50%、44.10%，比习惯施肥区增产62 kg、60.10 kg、1 467 kg，增产11.40%、14%、28.90%。

（2）测土配方施肥处理水稻、小麦、芹菜每亩利润166.16元、154.96元、7 607.63元，比习惯施肥区增收80.96元、108.95元、1 677.23元。

（3）测土配方施肥处理水稻、小麦的实际产量与预计产量的比值为0.93、0.98，符合率相当高，即相当预计产量的93.20%、97.70%的符合率，重现性相当好。

（二）示范推广效果

2010年，在落实测土配方施肥补贴项目区100 km^2的基础上，工作重点放在示范上，以科技入户工程、水稻提升、小麦高产攻关项目为依托，建立核心示范片6

个，面积约 6.67 km^2，其中水稻 3.33 km^2，小麦 2.67 km^2，芹菜 0.67 km^2。水稻选用新强 8 号品种，小麦用舟麦 916，芹菜选用四季西芹，采用统一施用配方肥或按卡配方施肥，确保种植密度和栽播期等综合配套技术，后期组织测产。统计结果显示，水稻平均单产 560 kg/亩，小麦平均单产 452.60 kg/亩，芹菜平均单产 5 600 kg/亩。

应用测土配方施肥及综合配套技术水稻 33.33 km^2，平均单产 560 kg/亩，比常规施肥区平均增收 42 kg/亩；小麦 66.67 km^2，平均单产 452.60 kg/亩，比常规施肥区平均增收 58 kg/亩；芹菜 1.33 km^2，平均单产 5 600 kg/亩，比常规施肥区平均增收 107 kg/亩；按市场水稻单价 1.80 元/kg，测土配方施肥比常规施肥平均每亩增收 58.80 元，33.33 km^2 水稻增收 294 万元；小麦按市价单价 1.78 元/kg，测土配方施肥比常规施肥平均每亩增收 81.20 元，66.67 km^2 小麦增收 812 万元；芹菜按市价单价 1.20 元/kg，测土配方施肥比常规施肥平均每亩增收 1 196.03 元，1.33 km^2 小麦增收 239.21 万元。

第五章　施肥管理与推广

第一节　配方和管理

一、严格配方企业招标程序，确保配方肥质量

为进一步加大配方肥推广应用力度，淮上区土肥站及时发布肥料配方信息，通过网上公开招标，按照公开、公正、公平和自愿的原则，确定了中盐安徽红四方股份有限公司、安徽莱姆佳肥业有限公司等5家肥料生产企业为淮上区配方肥中标企业。通过组织配方肥生产企业及其连锁配送网点和全区配方肥供应网点实施对接，把配方肥的销售渠道由单一的企业连锁配送点扩大到全区配方肥营销网，实现配方肥直供到乡村。

二、加强监督管理，建立配方肥追溯体系

提出推进配方肥生产供应和推广使用的指导性意见，引导配方肥快速健康有序发展。通过配肥供肥企业、销售网点、项目县（区）农业部门和各地农业执法部门的密切合作，构建配方肥生产供应追溯体系，努力实现配方肥数量和质量可追溯，引导企业生产供应质优价廉的配方肥料。制作统一购销台账，督促经营网点做好购销登记，不断规范和完善经营网点的管理，在肥料销售的旺季，组织农业执法人员会同质监、工商部门对全区的肥料市场和配方肥经营网点采取全面排查和不定期抽查。重点抓好配方肥市场管理，实施市场抽检和生产过程抽检相结合，将配方肥监管关口前移，实施配方肥全程监管，确保配方肥供应质量。

第二节　技术推广

一、全方位多渠道宣传培训配方施肥技术，加强配方肥的推广应用

为了让农民充分享受到测土配方施肥的技术成果，将此项技术转化为现实生产力，淮上区土肥站充分运用三年来的检测、试验等技术数据，通过采用不同的形式、不同的渠道、不同的层次全面开展测土配方施肥技术的宣传培训工作，重点抓好配

方肥的推广应用。一是结合 3.15 宣传、通过召开现场会、举办培训班、开展专题讲座、印发技术资料等多种形式进行全面的宣传培训。二是与小麦高产攻关创建、水稻提升行动和新型农民培训等项目进行有机的结合，将配方施肥技术渗透到与此相关联的每一个农业项目中。三是在全区四个乡镇、重点农业村和配方肥供应网点实施检测结果和建议卡上墙。四是抓点带面，形成纵深的培训体系。首先由区农业综合站对乡镇农技站、重点农业村、全区配方肥供应网点和种粮大户进行培训，其次由乡镇农技站对示范户、供销网点对分销户和农民进行培训。让全区的农技人员、经销商、种粮大户和农民充分了解测土配方施肥项目的实施过程、配方建议卡的研制过程和配方肥的生产应用。最终营造出政府重视、社会关注、部门协作、企业配合、农民参与的氛围。切实解决配方施肥技术入户“最后一公里”问题。

二、建立健全全区配方肥经营网络

全区共建立“五有”（有专业技术人员、有服务场所、有配方肥指定经销标牌、有销售台账、有配方施肥建议公示栏）配方肥经营网点 34 个，占全区肥料经销户的 80% 以上。为提高配方肥经销网点的技术服务能力，提高从业人员的素质，土肥站在农时的关键季节，通过举办培训班对其培训，让他们充分了解所销售区域的土壤养分状况和配方的研制过程，以更好地向农民宣传测土配方施肥技术，培训班结束后组织统一考试，并将其成绩纳入年终目标考核的主要内容。通过对配方肥经营网点年初制定配方肥推广销售目标，年终实施综合考核，实行动态管理。同时，积极推进配方肥经营网点诚信体系建设，施行加“★”评定制。对于业绩差，信誉度差，技术服务能力弱的网点给予淘汰。同时，每个网点至少培养 1 名肥料配方师。

三、强化农企合作，全面推广普及配方肥

探索配方肥补贴机制，重点支持种粮大户、丰产方、示范片等，充分调动了全区农民施用配方肥的积极性，鼓励配方肥生产中标企业与农民专业合作社、种粮大户、肥料经销商对接，订单生产直供配方肥。

四、探索农化服务新形式，帮助农民施肥到田

引导肥料企业、基层经销商、农民专业合作社组建农化服务队，面向农民开展统测、统配、统供、统施“四统”专业化服务，解决农民“看不懂方、买不到肥、没人施肥”的困扰，将测土配方施肥技术落到实处。

五、深化测土配方施肥技术工作内容，建立县域测土配方施肥专家咨询系统，开发农业综合应用平台

加强配方肥认定企业网点管理，开发利用测土配方施肥技术咨询系统，在配方

肥经销网点设置触摸屏，农民通过“触摸屏”查询土壤养分状况和作物施肥指导方案，根据推荐方案选肥、配肥、施肥。同时，积极组织销售网点“坐堂门诊”和农村科普现场咨询活动，让更多的农民认识和使用配方肥。

第六章　专　题

第一节　淮上区芹菜适宜性评价

淮上区以农业经济为主，除大规模粮食种植外，还是蚌埠市重要的菜篮子工程基地，其中芹菜是淮上区最主要的蔬菜作物之一。长期以来，淮上区芹菜生产的科学技术水平偏低，栽培管理上与其他地区的蔬菜种植类似，以大水大肥为主要特点，特别是在肥料资源的利用上，盲目施肥的问题比较突出。这不仅造成了肥料资源的浪费、增加了芹菜种植的成本、降低了经济效益，而且还对生态环境保护产生不利影响。芹菜适宜性评价对芹菜在具体地域能否适宜生长做出定性、定量和定位的评价，不仅能充分利用自然资源，开发土壤潜力，实现作物高产、稳产，而且能够在现有基础上优化作物种植的总体布局和结构，使区域经济结构和生态环境实现可持续发展。

一、淮上区芹菜适宜性评价的技术路线

（一）确定淮上区芹菜适宜性评价的底图

以淮上区耕地地力评价单元图作为芹菜适宜性评价的底图。在确定评价单元时主要应用行政区划图、土壤图、土地利用现状图叠加形成的图斑作为评价单元，全区共生成芹菜适宜性评价单元 1 015 个。

基本评价单元图的每个图斑都必须有参与评价的属性数据。

（二）确定淮上区芹菜适宜性评价层次模型

通过省市县各级专家技术组的论证，结合淮上区实际，选取 1 015 个评价单元，选择了坡向、地下水位、成土母质、有效土层厚度、耕层厚度、质地、pH、CEC、有机质、有效锌、有效磷、速效钾、水溶态硼、灌溉保证率、排涝能力 15 项评价因子，作为淮上区芹菜适宜性评价指标体系。把芹菜适宜性作为目标层（A），把影响目标层的立地条件、剖面组成、养分状况、土壤管理作为准则层（B），再把影响准则层中各因素的项目作为指标层（C），构建淮上区芹菜适宜性评价层次模型，如表 6－1 所示。

表6－1 淮上区芹菜适宜性评价指标

目标层（A）	准则层（B）	指标层（C）
淮上区芹菜适宜性等级	立地条件	1. 坡向
		2. 地下水位
		3. 成土母质
	剖面性状	4. 有效土层厚度
		5. 耕层厚度
	理化性状	6. 质地
		7. pH
		8. CEC
	养分状况	9. 有机质
		10. 有效锌
		11. 有效磷
		12. 速效钾
		13. 水溶态硼
	土壤管理	14. 灌溉保证率
		15. 排涝能力

（三）确定淮上区芹菜适宜性评价因子的组合权重

应用层次分析法计算各参评因子的组合权重，主要由专家分别对不同层次内各参评因子的重要性作出判断，构造出不同层次间的判断矩阵，最后计算出各评价因子的组合权重，如表6－2所示。

表6－2 层次分析报告

层次分析报告

模型名称：淮上区耕地地力评价模型

计算时间：2011/11/22 9：28：42

构造层次模型

目标层——> | 芹菜适性 |

准则层——> | 立地条件 | | 剖 面 性 状 | | 理化性状 | | 养分状况 | | 土 壤 管 理 |

续表

指标层——>	坡向	有效土层厚	质地	有机质	灌溉保证率
	地下水位	耕层厚度	pH	有效锌	排涝能力
	成土母质		CBC	有效磷	
				速效钾	
				水溶态硼	

目标层判别矩阵原始资料：

1.0000	2.0000	1.2000	0.8000	1.7144
0.5000	1.0000	0.6000	0.4000	0.8571
0.8333	1.6667	1.0000	0.6667	1.4286
1.2500	2.5000	1.5000	1.0000	2.1427
0.5833	1.1667	0.7000	0.4667	1.0000

特征向量：[0.2400，0.1200，0.2000，0.3000，0.1400]

最大特征根为：5.0000

CI = 1.80932738058637E - 06

RI = 1.12

CR = CI/RI = 0.00000162 <0.1

一致性检验通过!

准则层（1）判别矩阵原始资料：

1.0000	0.8000	1.3333
1.2500	1.0000	1.6667
0.7500	0.6000	1.0000

特征向量：[0.3333，0.4167，0.2500]

最大特征根为：3.0000

CI = -8.33333796190772E - 07

RI = 0.58

CR = CI/RI = 0.00000144 <0.1

一致性检验通过!

准则层（2）判别矩阵原始资料：

1.0000	0.7143
1.4000	1.0000

特征向量：[0.4167，0.5833]

最大特征根为：2.0000

CI = 9.99995000050546E - 06

RI = 0

CR = CI/RI = 0.00000000 <0.1

一致性检验通过!

续表

准则层（3）判别矩阵原始资料：

1.0000	2.0000	2.0000
0.5000	1.0000	1.0000
0.5000	1.0000	1.0000

特征向量：[0.5000，0.2500，0.2500]

最大特征根为：3.0000

CI = 0

RI = 0.58

CR = CI/RI = 0.00000000 < 0.1

一致性检验通过！

准则层（4）判别矩阵原始资料：

1.0000	2.3998	2.0000	2.3998	5.9988
0.4167	1.0000	0.8333	1.0000	2.5000
0.5000	1.2000	1.0000	1.2000	3.0003
0.4167	1.0000	0.8333	1.0000	2.5000
0.1667	0.4000	0.3333	0.4000	1.0000

特征向量：[0.4000，0.1667，0.2000，0.1667，0.0667]

最大特征根为：5.0000

CI = -4.33501503516176E-06

RI = 1.12

CR = CI/RI = 0.00000387 < 0.1

一致性检验通过！

准则层（5）判别矩阵原始资料：

1.0000	1.3333
0.7500	1.0000

特征向量：[0.5714，0.4286]

最大特征根为：2.0000

CI = -1.25000781261431E-05

RI = 0

CR = CI/RI = 0.00000000 < 0.1

一致性检验通过！

层次总排序一致性检验：

CI = -2.05053051083844E-06

RI = 0.591197615070076

CR = CI/RI = 0.00000347 < 0.1

总排序一致性检验通过！

续表

层次分析结果表

层次A	层次c 立地条件	剖面性状	理化性状	养分状况	土壤管理	组合权重
	0.2400	0.1200	0.2000	0.3000	0.!400	∑CiAi
坡向	0.3333					0.0800
地下水位	0.4167					0.1000
成土母质	0.2500					0.0600
有效土层厚		0.4167				0.0500
耕层厚度		0.5833				0.0700
质地			0.5000			0.1000
pH			0.2500			0.0500
CEC			0.2500			0.0500
有机质				0.4000		0.1200
有效锌				0.1667		0.0500
有效磷				0.2000		0.0600
速效钾				0.1667		0.0500
水溶态硼				0.0667		0.0200
灌溉保证率					0.5714	0.0800
排涝能力					0.4286	0.0600

注：本报告由《县域耕地资源管理信息系统 V3.2》分析提供

（四）确定淮上区芹菜适宜性评价因子的隶属度

我们根据模糊数学的理论，将选定的评价因子分为戒上型函数、峰型函数，以及概念型三种类型的隶属函数。前4种类型主要是对于定量数据，用Delphi法对一组实测值评估出相应的一组隶属度，并根据这两组数据拟合隶属函数。对于质地对其他耕地地力评价因子的影响，如有效磷、有机质、阳离子代换量、速效钾等应按不同质地类型分别拟合隶属函数，将各评价因子的值代入隶属函数，计算相应的隶属度。对定性的、综合性的因子，与耕地生产能力之间是一种非线性的关系，如质地、剖面构型、耕层质地等属于概念型，这类因子的评价可采用Delphi法直接给出隶属度，如表6－3所示。

表 6-3　参评因素类型及其隶属函数、隶属度

[函数类型]	[项目]	[a 值]	[b 值]	[c 值]	[ut 值]
戒上型	CEC	0.00855	0	25	ut = 7
峰型	pH	1.18	0	6.8	ut1 = 4，ut2 = 9
戒上型	耕层厚度	0.024	0	20	ut = 5
负直线型	坡度	1	0.2	0	ut = 5
戒上型	水溶态硼	13.97	0	0.5	ut = 0.05
戒上型	速效钾	0.000594	0	120	ut = 20
戒上型	有机质	0.0135	0	26	ut = 10
戒上型	有效磷	0.0414	0	12	ut = 5
戒上型	有效土层厚	0.000349	0	100	ut = 20
戒上型	有效锌	4.14	0	1	ut = 0.2

质地

[隶属度]	[描述]
0.3	质地 = ‘重黏’
0.5	质地 = ‘砂壤’
0.6	质地 = ‘轻壤’
0.7	质地 = ‘中黏’
0.8	质地 = ‘轻黏’
0.9	质地 = ‘中壤’
1	质地 = ‘重壤’

成土母质

[隶属度]	[描述]
0.3	成土母质 = ‘酸性结晶岩风化的坡积残积物’
0.7	成土母质 = ‘下蜀黄土’
0.8	成土母质 = ‘河流沉积物’ Or 成土母质 = ‘黄土性古河湖相沉积物’ Or 成土母质 = ‘黄土性古河流沉积物’
1	成土母质 = ‘近代黄泛冲积物’ Or 成土母质 = ‘黄泛冲积物’

排灌条件：综合考虑农业的影响因素，发现不同的灌溉和排涝能力，对淮上区的地力有很大的影响，故将排灌条件量化处理，如表 6-4 所示。

表6-4　排灌条件的量化处理

灌溉保证率

[隶属度]	[描述]
0.1	灌溉保证率 = ‘差’
0.4	灌溉保证率 = ‘一般’
0.5	灌溉保证率 = ‘中’
1	灌溉保证率 = ‘好’

排涝能力

[隶属度]	[描述]
0.1	排涝能力 = ‘差’
0.4	排涝能力 = ‘一般’
0.6	排涝能力 = ‘中’
0.8	排涝能力 = ‘较好’
1	排涝能力 = ‘好’

表6-5　坡度坡向的量化处理

坡向

[隶属度]	[描述]
0.2	坡度 > = ‘40’
0.4	坡度 > = ‘20’ And 坡度 < = ‘40’
0.6	坡度 > = ‘12’ And 坡度 < = ‘20’
0.8	坡度 > = ‘6’ And 坡度 < = ‘9.99’ Or 坡度 > = ‘9.99’ And 坡度 < = ‘12’
1	坡度 > = ‘0’ And 坡度 < = ‘6’

坡向

[隶属度]	[描述]
0.4	坡向 > = ‘0’ And 坡向 < = ‘22.5’ Or 坡向 > = ‘337.5’ And 坡向 < = ‘360’
1	坡向 = ‘-1’ Or 坡向 > = ‘157.5’ And 坡向 < = ‘202.5’

地下水位

[隶属度]	[描述]
0.4	地下水位 = ‘低洼’ Or 地下水位 = ‘岗地’ Or 地下水位 = ‘洼地’
0.6	地下水位 = ‘河湾’ Or 地下水位 = ‘缓坡’
0.8	地下水位 = ‘地势较高’
1	地下水位 = ‘沿淮平原’ Or 地下水位 = ‘沿河地带’

（五）计算淮上区芹菜适宜性评价综合指数

采用累加法计算每个评价单元的芹菜适宜性综合指数。

$$IFI=\sum (F_i\times C_i);(i=1,2,3,\cdots\cdots,n)$$

式中：IFI（Integrated Fertility Index）代表芹菜适宜性综合指数；

F—第 i 个评价因子的隶属度；

C_i—第 i 个评价因子的组合权重。

（六）淮上区芹菜适宜性区域分布及面积

根据作物适宜性分级要求，将芹菜适宜性分为非常适宜、适宜、勉强适宜、不适宜四个等级，采用累积曲线法确定各等级指数范围，如表6－6和图6－1所示。

表6－6　淮上区芹菜适宜性评价分级表（累积曲线分级法）

等级	区间	面积（km^2）	百分比（%）	主要分布地点
非常适宜	大于0.75	22.55	16.50	小蚌埠镇、曹老集镇
适宜	0.71～0.75	63.14	46.20	曹老集镇
勉强适宜	0.64～0.71	47.40	34.90	梅桥乡
不适宜	0～0.64	3.28	2.40	小蚌埠镇

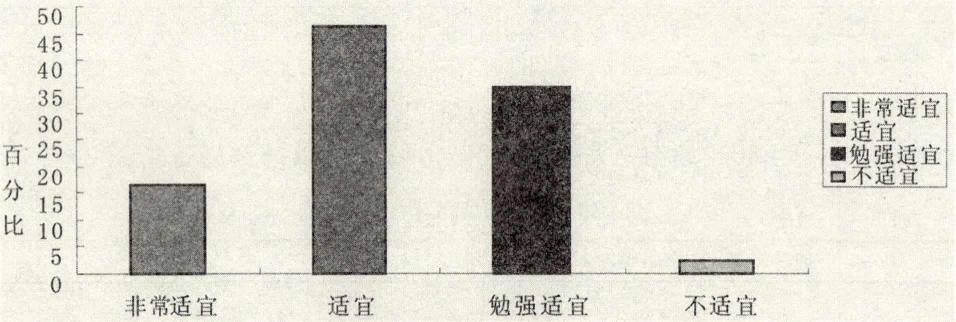

图6－1　芹菜适宜性图

二、淮上区芹菜生产现状分析

淮上区近年来芹菜生产得到了很大的发展，所辖的四个乡镇都有一定的生产分布，其中小蚌埠镇面积最大，面积约10 km^2，梅桥乡3.33 km^2，吴小街镇1.33 km^2，曹老集镇0.67 km^2。从地域上看，原来由沿淮的老菜地因工业园区的建设用地，向北部地区推进。从土质上看，由砂壤土地，两合土地向北部黏土地发展。

三、淮上区芹菜生产优势条件

淮上区芹菜生产具有明显六大优势，具备良好的生产发展条件。

（1）由于淮上区地处蚌埠城郊，而且各个乡村主要生产区域道路畅通，区位优势突出，交通优势明显。

(2) 因淮上区建有华东地区最大的农副产品批发市场和国家级蔬菜批发市场，外销能力很强，为芹菜的大规模生产销售提供了有利条件。

(3) 在生产资料供应上，淮上区内具有蚌埠市唯一最大的农资和农机大市场，完全具有能长期保证各种生产资料（主要是种子、农药、化肥、农膜等）供应的良好条件。

(4) 淮上区现有的芹菜产区，已有多年种植芹菜的经验，积累了一整套技术措施，形成了标准化、规模化生产局面。

(5) 由于淮上区芹菜生产区，均在淮河岸边，在北淝河周边，地下水源丰富，而且清洁又无污染，具备了蔬菜无公害生产的基本条件。

(6) 淮上区处于淮河流域，四季分明，年平均温度在 15.20℃，温度适宜，无霜期长。年降雨量在 950 mm 左右，雨水条件有利于春秋季芹菜的生产。

四、淮上区芹菜生产不利因素

（一）客观不利因素

(1) 淮上区现有 60% 的菜田面积在北部区域，黏土比例较大，土壤黏重，耕作条件差，蓄水量大，土壤易板结，不利于生产。

(2) 淮上区所处淮河流域，虽然常年温度较高，雨量充沛，但是阴雨天比例较大，使大面积大棚芹菜出现光照不足，空气湿度大的不利气候条件。

(3) 由于淮上区大面积可供芹菜生产的区域在中北部村，是近年来的芹菜新发展的面积，因农田基本条件较差，供水排水能力不好，对今后芹菜生产有直接的影响。

(4) 到目前为止淮上区芹菜生产面积已发展到 13.33 km^2，因广大农民为提高单位面积产量，去追求高收入，在土地施肥上，不按所设定的目标产量科学施肥，都加大施肥量，多数是未腐熟的有机肥，并且化肥用量过大，所以造成了养分过剩，盐渍化程度加重，现有 1 万多亩老芹菜大棚生产田，土壤干旱时土表出现白色盐霜，又加上连年覆膜生产，夏季不能得到晒垡，并且雨水不能直接进行冲刷，带走表面盐渍物，所以导致土壤理化性状差，不利于芹菜作物根系生长和土壤养分的吸收利用。

(5) 近两年发展的黏土地大棚芹菜生产区，由于生产年限短，有机肥用量不足，化肥用量大，所以土壤养分含量还是较低的。其中，有机质含量 15 mg/kg 左右，碱解氮 120 mg/kg，有效磷 20 mg/kg，速效钾 120 mg/kg，多数田块保肥保水性能不好，部分微量元素缺乏。

（二）人为不利因素

(1) 现广大新菜区多数劳动力，年岁较大，技术水平较低，管理能力较差。

(2) 有特色的品种，规模生产不够，市场开发差，销售不畅。

(3) 芹菜生产要达到无公害的标准，有机肥不足，化肥用量过大。

（4）广大菜农在无公害生产中，不按技术要求，农药用量较大，有些产品污染超标。

五、建议与对策

（1）完善农田基础设施，做到旱涝保收。

（2）排土客土，盐渍化较重的地块，可排除 0 ~ 15 cm 的表土，较轻的地块可排除 0 ~ 10 cm，或 0 ~ 5 cm 的表土，然后客土（换上肥力高的露地土壤）。

（3）合理施肥，采用测土配方施肥技术，有机无机结合，增施有机肥，氮磷钾与微量元素配合施用，防止偏施氮磷肥。

（4）对于新发展的田块，要深耕改土，创造良好的土壤结构，该地区耕层浅，黏土地严重阻滞水分下渗，造成土壤内排水不良，使作物根系伸展受限制，在增施有机肥的基础上结合深耕，增厚熟土层，活化心土层，建立水、肥、气、热协调，对作物生长较为有利的土壤结构。

（5）加强管理，提高科学种田水平。

第二节　淮上区中低产田现状与改良利用

淮上区城镇化进程的加快造成农业生产土地资源在逐年的减少，后备耕地资源不足。加上气候、成土母质、基础设施、自然条件、人力耕作制度等诸多因素影响，使淮上区一些地区的土壤肥力水平正呈现下降趋势，淮上区耕地质量不容乐观。抓紧耕地地力培育，加强中低产田的改良利用，不断提高粮食生产能力，已成为发展农业生产、保障国家粮食安全的基本办法。

一、淮上区中低产田现状

淮上区的中低产田主要类型划分，依据《全国各地耕地类型区高产田、中产田、低产田粮食单产参照指标》和淮上区地力评价的结果，根据淮上区耕地地力评价所划定的耕地地力 6 个等级，比照《全国中低产田类型划分与改良技术规范》（NY/T310 - 1996），将耕地地力评价等级划分的 3 ~ 6 等级的耕地归为全区中低产田。这些产田主要分布在小蚌埠镇、梅桥乡和曹老集镇面积达 50.98 km^2，占耕地总面积的 37.21%，其中干旱灌溉型、渍潜稻田型、渍涝排水型、障碍层次型、瘠薄型分别为 11.21 km^2、6.97 km^2、20.91 km^2、8.61 km^2、3.28 km^2，分别占耕地总面积的 8.18%、5.09%、15.26%、6.28%、2.40%，如图 6 - 2 所示。

二、淮上区中低产田主要类型的分布

淮上区低产田分布区域因其成因复杂，呈现广泛而星散分布的特点，不同类型的中低产田分布又有一定的区域性。

1. **干旱灌溉型中低产田**

干旱灌溉型中低产田面积为11.21 km^2，主要分布在淮上区东北部，西北部地区

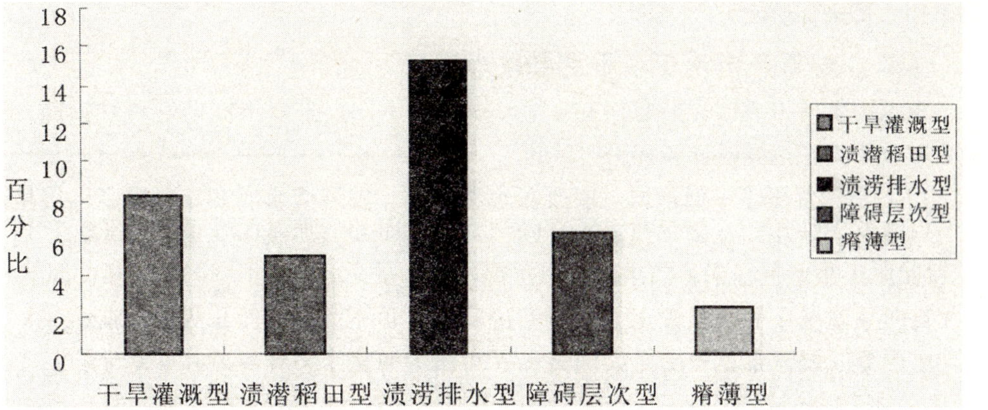

图6-2 中低产田类型

也有小面积零星分布，这些区域虽然年降水量充足但季节性分配不均匀同时缺少必要的调蓄工程，抗旱能力弱。

2. **渍潜稻田型中低产田**

渍潜稻田型中低产田面积为6.97 km^2，主要分布在淮上区西北部、东部水稻种植区，这些水稻田由于季节性洪水泛滥及局部地形低洼、排水不良、土壤黏重、引起滞水潜育。

3. **渍涝排水型中低产田**

渍涝排水型中低产田面积为20.91 km^2，主要集中在淮上区淮河、北淝河埂坝沿岸及辐射区域，这些地区因局部地势低洼、排水不畅导致土壤渍涝。

4. **障碍层次型中低产田**

障碍层次型中低产田面积为8.61 km^2，主要分布曹老集镇、梅桥乡。这些地区由于其土壤剖面结构存在缺陷，如土体上部出现砂层或质地过砂，土壤极其分散，结构差，耕作虽易，但耕作质量差。

5. **瘠薄培肥型中低产田**

瘠薄培肥型中低产田面积为3.28 km^2，主要分布在沿淮北岸，该地区土壤结构不良，土壤含砂高，漏水漏肥，易板结，养分含量较低。

三、淮上区中低产田的改良与利用

（一）中低产田改良的目标

淮上区一直坚持因地制宜、因时而异采取多种针对性方法，坚持进行中低产田改良利用，但由于气候、成土母质、基础设施等诸多因素影响，中低产田改良利用在淮上区的总体水平不高，年改良利用中低产田面积比例约在2%～3%，至2009年改良面积约在6 km^2 左右。根据淮上区地力评价并依据《全国中低产田类型划分与

改良技术规范》（NY/T310－1996），淮上区制定了中低产田改良利用总体目标：以循序渐进，适度可行为原则，年改良利用比例总中低产田达3%以上，改良后生产指标平均产量增加20%以上。

（二）中低产田改良利用主要技术途径

根据中低产田成因、类型、主要障碍因素的不同，采取不同的针对性措施，通过有效技术途径达到改良和利用的目的。

（1）干旱灌溉型中低产田，应改善水利条件，发展节水农业，以提高土壤生产效益为目标“引水、保水、蓄水”。①加大水利建设投入，改善水利基础设施，通过塘库清淤增容，堤坝加固，沟渠疏浚等工程性途径“引、保、蓄”以提高水源保证率。②调整农业生产结构种植业耕作制度，增加棉花、玉米、薯类、豆类等需水量相对较小农作物的种植，适应缺水现状，增加农业产出。③发展节水农业，通过沟畦灌溉、地膜覆盖、秸秆覆盖等节水方法减少水分流失，提高利用率。④深耕深松、改善土壤物理性状，提升土壤自身蓄水保水能力。

（2）渍潜稻田型中低产田土壤通透性差，土体中还原物质积累多，缺钾少磷。改良利用的主要途径，首先是开沟排水、降低地下水位，改变渍水状态；其次也可客土改变土壤物理化学性状；最后应增施磷钾肥配，以农艺技术方法促早生、早发，避免渍潜土壤过长时间的影响。

（3）渍涝排水型中低产田分布在淮上区淮河、北淝河埂坝沿岸及辐射区域，这些地区局部地势低洼。这一类型中低产田的改造趋良必须通过排水来实现，包括引导排除地面积水、降低地下水体深度，增强系统排水能力，改善相关地形条件以利疏利导。

（4）障碍层次型中低产田在改良利用上要充分考虑到这些地区由于其土壤剖面结构存在缺陷如土体上部出现砂层或质地过砂等层次性障碍的因素，遵循长期改良逐步利用原则，通过深垦深耕破坏障碍层、培厚土质层、培肥土壤等技术措施和途径来改良。

（5）淮上区瘠薄型中低产田改良利用技术途径主要为培肥土壤、种养结合、改善土壤结构增加养分含量等。

结合淮上区实际情况，对中低产田改良利用主要有工程、农艺、生物等方面的技术措施。①开沟排水。针对渍潜稻田和渍涝排水型中低产田渍涝、潜育、地下水位高而采取的工程措施，通过开沟排水，防止山洪水、排出地表水、降低地下水、排除矿毒水、协调土壤水肥气热状况。②打井灌溉。在地下水位，较高的农田附近，通过打井、挖深坑抽取地下水用于农田灌溉。③深耕深松，少耕免耕。通过深耕，每年加深并熟化耕层2～3 cm，3～5年使耕层厚度水田大于18 cm、水浇地和旱地大于25 cm。每3年深翻松1次。针对耕层深厚、土壤结构较差的潜育稻田而采取的一种耕地方法，通过减少耕翻次数，促进土壤团粒结构的形成。④增施有机肥，缺素补素。为改良土壤每公顷一次性施用15 000 kg以上的腐熟农家肥。由于土壤缺乏某一种或几种作物必需的中量元素或微量元素，通过补施一种或几种营养元素肥料的矫正施肥措施。⑤地膜覆盖。在作物育苗期或大田生长期采取地膜覆盖的方法，保水、保肥、保温、抑草，提早作物播种、移栽和收获季节。⑥秸秆还田。通过机械翻压、覆盖、留高茬、堆沤、腐熟剂处理等方式使秸秆归还土壤，培肥地力的措施。⑦施用改良剂。针对土壤过酸、过碱、黏重、沙漏等问题，施用调酸剂、保水剂等土壤改良剂，调节土壤碱度、改善土壤通透性，增强持水保水能力。

第三节 土壤养分情况分析

淮上区作为农业大区，农业种植水平总体不平衡，肥料的施用不合理，主要存在着两大问题：一是耕地质量“底子”基本不清。第二次土壤普查后，随着耕作制度、种植模式、施肥水平等情况的改变，土壤肥力状况也随之发生了较大的变化，且因区划调整，怀远县梅桥乡、固镇县曹老集划入淮上区，使全区耕地质量动态变化及趋势无法掌握。二是肥料使用量居高不下且不平衡。通过测土配方施肥项目的实施可摸清土壤养分分布情况及其变化规律，为指导农民科学合理施肥提供依据，是促进农业节本增效、提高农产品质量，保护生态环境，促进农业可持续发展的重要举措。

一、土壤肥力总体状况

根据测土配方施肥技术规范要求，四年来在项目区取耕层农化样 7 613 个，共分析化验 120 076 个有效项次，17 个测定指标。从土壤化验结果看，项目区土壤肥力总体状况是：全区土壤多数呈弱碱性，大田无盐渍化现象，供钾潜力较强，总体肥力水平中等；不同养分有很大差异，普遍缺有机质、缺锌、缺氮、缺钼（占 43.50% ~81.10% 的面积），基本不缺铁锰铜，相当一部分土壤缺硼（占 20% 的面积）。需要向土壤大量补充氮锌和有机质，注意有针对性地施用磷钾硼硫钼肥料。

二、土壤养分监测情况

1. pH

淮上区土壤 pH 为 6.06 ~ 8.67，平均值为 7.44，为中性。全区中性土壤和弱碱性土壤占多数，如图 6 – 3 所示。酸性土壤主要分布在曹老集镇，约有 1.40 km^2；吴小街和小蚌埠主要是碱性土壤。

2. 有机质

淮上区土壤有机质为 5.70 ~ 30.30 g/kg，平均值为 17.80 g/kg，为稍缺乏水平，缺乏面积 91.33 km^2，占全区耕地面积的 66.66%，如图 6 – 4 所示。

3. 全　氮

淮上区土壤全氮为 0.69 ~ 1.61 g/kg，平均值为 0.98 g/kg，为稍缺乏水平，缺乏面积占全区耕地面积的62%左右，如图6－5所示。缺氮最严重的是小蚌埠镇，94%的面积缺氮；缺氮面积最少的是梅桥乡，53%的面积缺氮。

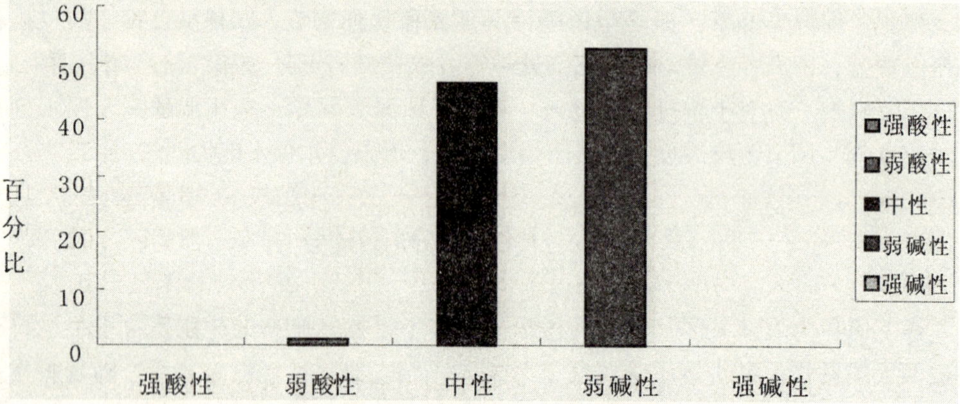

图6－3　pH丰缺图

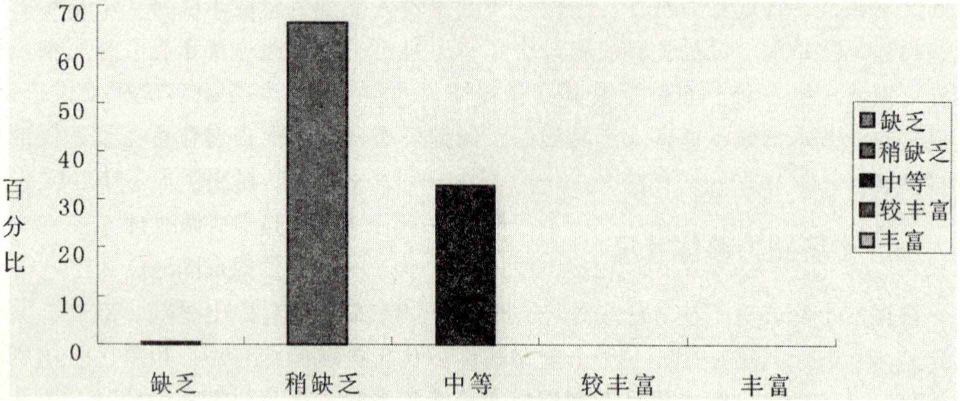

图6－4　有机质丰缺图

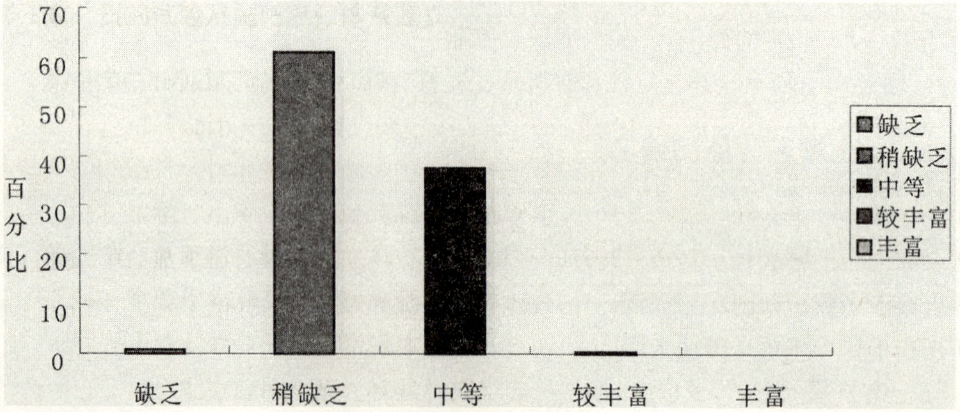

图6－5　全氮丰缺图

4. 碱解氮

淮上区土壤碱解氮为52.60～207.90 mg/kg，平均值为101.70 mg/kg，为中等水平，缺乏面积26.20 km^2，占全区耕地面积的19.12%。

5. **有效磷**

淮上区土壤总体不缺磷，平均 29. 70 mg/kg，且土壤有效磷含量逐年增加。缺磷面积最多的是吴小街镇，达 30% ，如图 6 -6 所示。

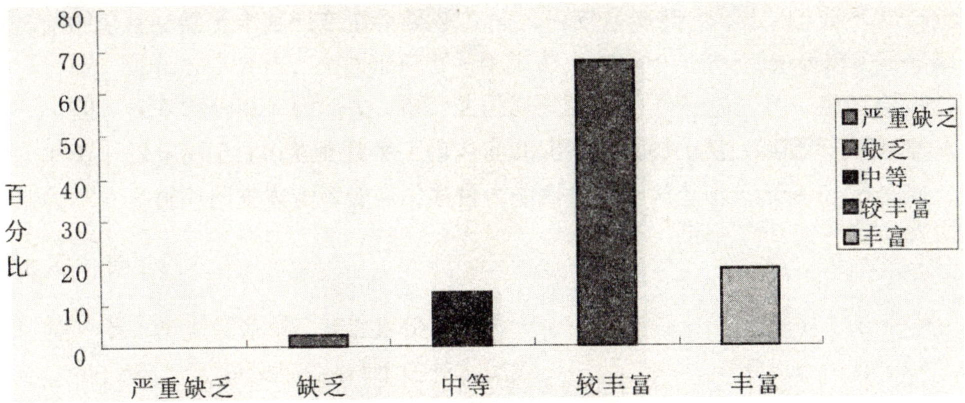

图 6 -6 有效磷丰缺图

6. **全 钾**

淮上区土壤全钾为 21. 22 ~ 27. 16 g/kg，平均值为 23. 34 g/kg，为中等水平，由于母质含钾较丰富，淮上区土壤基本不缺全钾。

7. **缓效钾**

淮上区土壤缓效钾为 143 ~ 1 296 mg/kg，平均值为 757 mg/kg，为中等水平，缺乏面积 2. 47 km^2，占全区耕地面积的 1. 80% 。2008—2010 年钾肥施用量不能满足作物的要求，土壤钾的储存库出现了亏空，但 2011 年开始回升，说明测土配方施肥项目实施过程中，大力推广应用钾肥的措施产生了效果。

8. **速效钾**

淮上区土壤速效钾为 83 ~ 308 mg/kg，平均值为 154 mg/kg，为较丰富水平，基本不缺钾，如图 6 -7 所示。

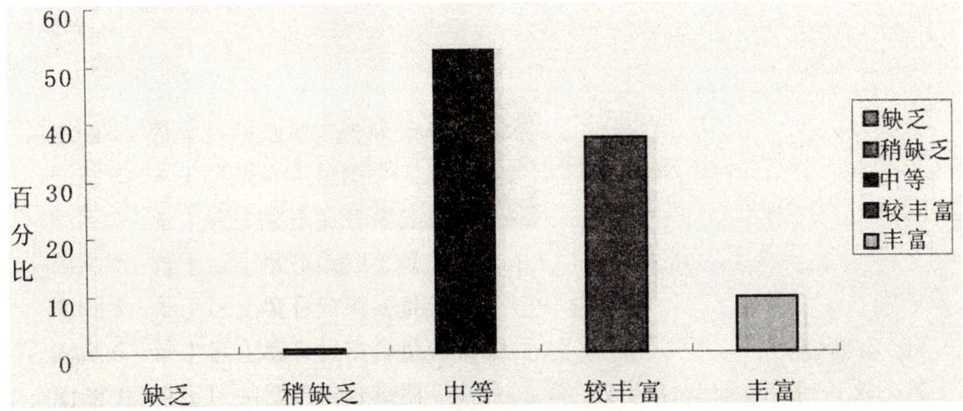

图 6 -7 速效钾丰缺图

测定结果表明全区土壤供钾能力较强，尤其是吴小街镇，基本不缺钾；但也有些村缺钾，如小蚌埠镇的方沟、高安、果园、卢台、卢小庙、吴安、赵宋，曹老集镇的荷花园、路东、周集、周郢、杜陈，梅桥乡的淝北、周口、裔湾、杨楼等村，都有20%以上的面积缺钾或有上千亩面积缺钾。速效钾反映当季土壤的供钾能力，测定结果表明全区土壤供钾能力较强，尤其是吴小街镇，基本不缺钾；但也有部分土壤缺钾，需要增施钾肥。

9. 有效铁

淮上区土壤有效铁为13.20～90.80 mg/kg，平均值为43.80 mg/kg，为丰富水平，如图6－8所示。淮上区土壤供铁能力较强，一般不需要施用铁肥。

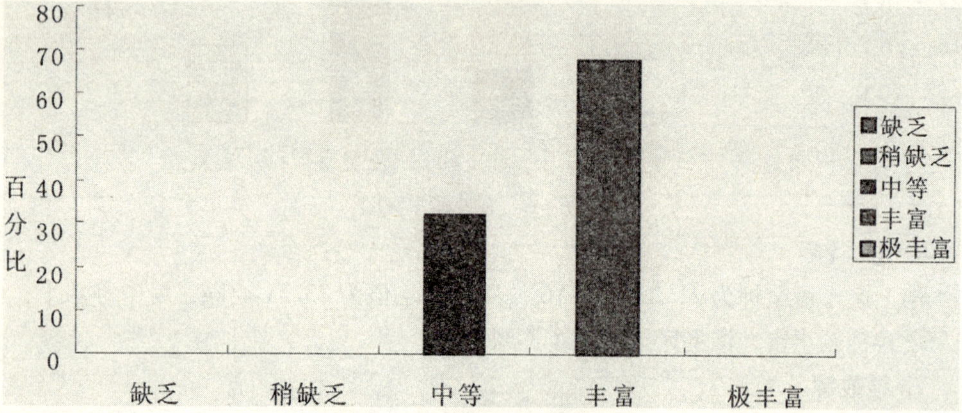

图6－8　有效铁丰缺图

10. 有效锰

淮上区土壤有效锰为1.30～58.20 mg/kg，平均值为25.60 mg/kg，为丰富水平，如图6－9所示。淮上区土壤供锰能力较强，基本不缺锰，一般不需要施用锰肥。

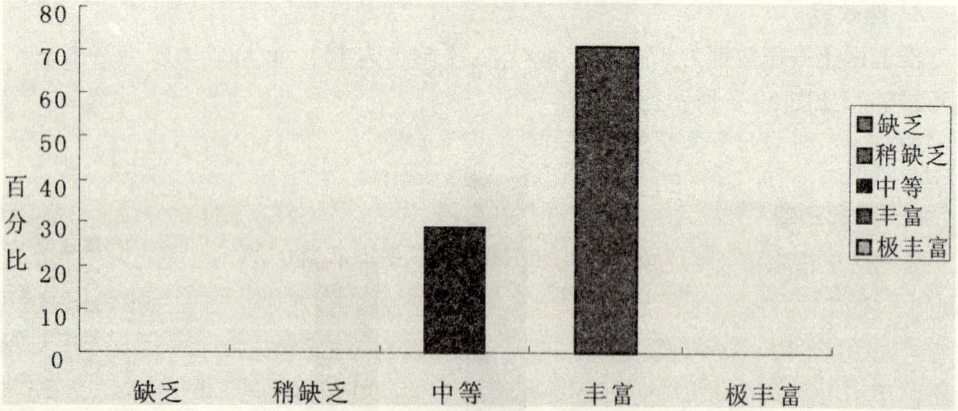

图6－9　有效锰丰缺图

11. 有效铜

淮上区土壤有效铜为1.57～6.34 mg/kg，平均值为2.82 mg/kg，为较丰富水平，如图6－10所示。淮上区土壤供铜能力较强，缺铜面积很少，一般不需要施用铜肥。

12. **有效锌**

淮上区土壤有效锌为0.23～7.53 mg/kg，平均值为1.41 mg/kg，为较缺乏水平，如图6－11所示。缺乏面积108.87 km^2，占全区耕地面积的79.47%。淮上区土壤大面积缺锌，80%

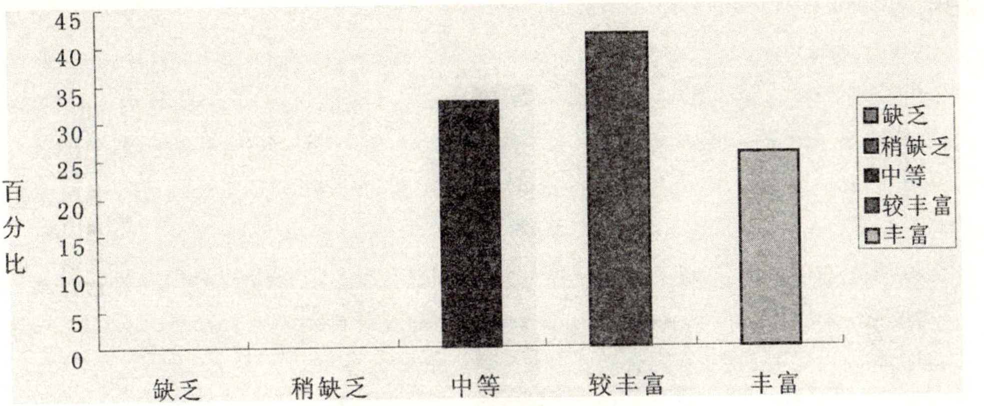

图6－10　有效铜丰缺图

的地区需要施用锌肥，尤其是吴小街和曹老集95%的面积缺锌，但梅桥乡缺锌不严重，只有14%的面积缺锌。

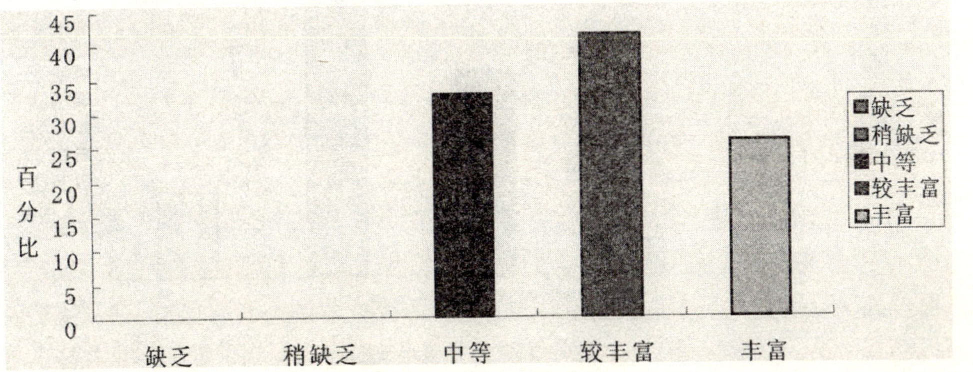

图6－11　有效锌丰缺图

13. **水溶态硼**

淮上区土壤水溶态硼为0.02～0.56 mg/kg，平均值为0.28 mg/kg，为中等水平，如图6－12所示。缺乏面积27.40 km^2，占全区耕地面积的20%。缺硼地区主要集中在小蚌埠、吴小街、梅桥3个乡镇，尤其是朱海、双墩、九台、大岗、天宇等村，缺乏面积在200 hm^2以上，徐岗、双墩、吴郢、大岗的缺硼比例在70%以上。这些地区土壤硼肥有效，尤其在种植油菜时需要硼肥。

14. **有效硫**

淮上区土壤有效硫为11.90～73.80 mg/kg，平均值为29.30 mg/kg，为中等水平，如图6－13所示。缺乏面积11.73 km^2，占全区耕地面积的8.56%。梅桥乡缺硫最严重，全区缺硫面积较多或缺硫比例较大（30%以上）的村有：朱海、胡口、华圩、淝北、梅桥、周郢、周集、荷花园、南郢、双墩、吴郢。

15. **有效钼**

淮上区土壤有效钼为0.04～0.27 mg/kg，平均值为0.14 mg/kg，为中等水平。缺乏面积38.80 km^2，占全区耕地面积的28.32%。豆科作物尤其需要注意钼肥的施用。

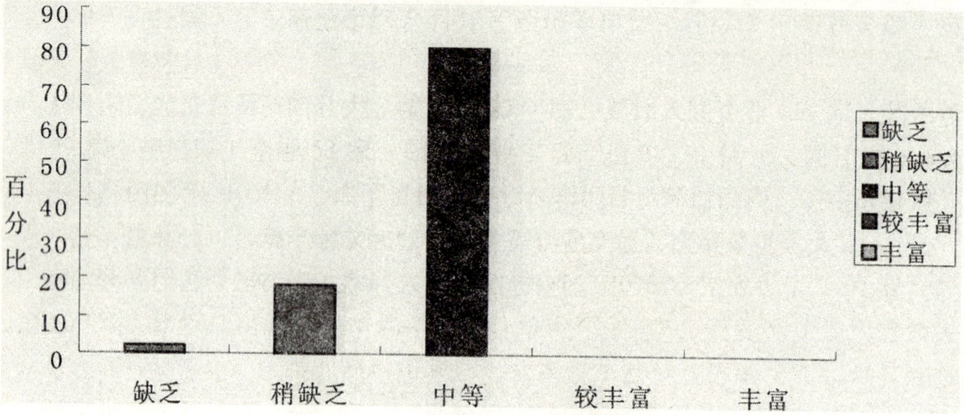

图6－12　水溶态硼丰缺图

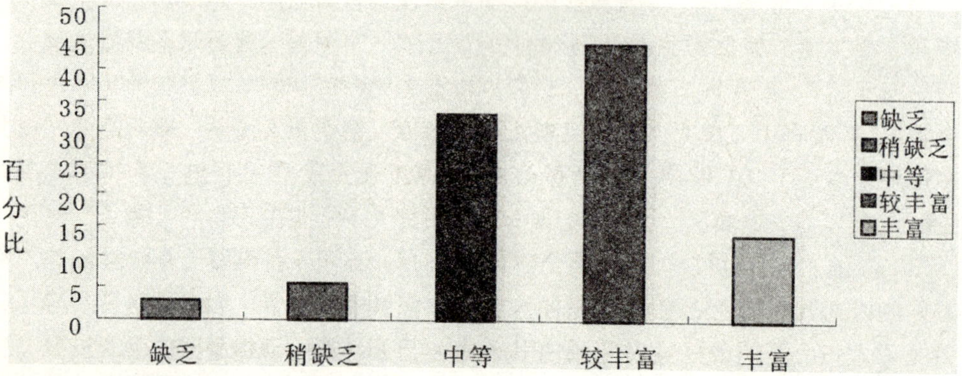

图6－13　有效硫丰缺图

三、土壤养分状况分析

1. 四年比较

（1）土壤含量水平显著提高的养分是有效磷。由2008年的20 mg/kg提高到2011年的29.50 mg/kg，达到较丰富水平，说明四年来全区投入土壤的磷肥较多，以后可适当减少磷肥用量。

（2）土壤含量水平有所降低的养分是有效硫、有效锌、有效钼，缺乏面积逐年有所扩大，但总体下降幅度不大。

（3）2008—2010年，土壤含量水平显著降低的养分是缓效钾。由2008年的834 mg/kg下降到2010年的757 mg/kg，下降幅度9.2%，虽然总体仍属于较丰富水平，但可以看出当地土壤供钾潜力在下降。2011年，通过推广测土配方施肥技术，补充钾肥效果明显，缓效钾回升到814 mg/kg，恢复到较丰富水平。

2. 不同养分的差异

普遍缺有机质缺锌缺氮缺钼（占全区耕地面积的28.70%～81.10%），基本不缺铁锰铜，相当一部分土壤缺硼（占全区耕地面积的20.0%）。

3. 地区差异

（1）小蚌埠缺氮面积较大；

（2）吴小街缺磷、缺锌、缺硼面积相对较多；

（3）曹老集缺钾、缺锌面积相对较多；

（4）梅桥缺硫面积相对较多，但缺锌不严重。

四、施肥建议

（一）小蚌埠镇和吴小街镇

（1）普遍缺有机质、缺氮、缺锌，各村要按照淮上区配方施肥建议卡施用有机肥、氮肥和锌肥；

（2）缺磷面积较大的村应该在全区配方施肥建议卡的基础上增加磷肥用量（过磷酸钙10～20 kg/亩）；

（3）钾肥用量维持现状，个别缺钾村组应该在全区配方施肥建议卡的基础上适当增加钾肥用量（氯化钾5～8 kg/亩）；

（4）在种植油菜、莴笋、萝卜等十字花科作物时还需要喷施硼肥（尤其是缺硼面积较大的村），种植大棚蔬菜时喷施硼肥有利于抗病；

（5）两镇有33%的缺钼面积（尤其是小蚌埠缺钼面积大），种植豆科作物（蚕豆、豌豆、花生等）时还需要喷施钼肥；

（6）一般不需专门施用硫肥，缺硫地区可以通过其他品种肥料来补充硫，如过磷酸钙、石膏或硫酸锌等。

（二）曹老集镇

（1）全镇普遍缺有机质缺氮缺锌，各村都要按照淮上区配方施肥建议卡施用有机肥、氮肥和锌肥；

（2）磷肥用量维持现状，原施用过多的地区可以适当减少，这有利于节约成本并减轻缺锌症状；

（3）缺钾面积较大的村应该在全区配方施肥建议卡的基础上适当增加钾肥用量（氯化钾5～8 kg/亩）；

（4）在种植油菜、莴笋、萝卜等十字花科作物时还需要喷施硼肥（尤其是缺硼面积较大的村），种植大棚蔬菜时喷施硼肥有利于抗病；

（5）全镇有26%的缺钼面积，种植豆科作物（蚕豆、豌豆、花生等）时还需要喷施钼肥；

（6）一般不需专门施用硫肥，缺硫地区可以通过其他品种肥料来补充硫，如过磷酸钙、石膏或硫酸锌等。

（三）梅桥乡

（1）全乡普遍缺有机质缺氮，各村都要按照淮上区配方施肥建议卡施用有机肥和氮肥；

（2）缺锌面积较大的村应该按照全区配方施肥建议卡施用锌肥（硫酸锌 1 kg/亩）；

（3）缺磷面积较大的村应该在全区配方施肥建议卡的基础上增加磷肥用量（过磷酸钙 10 ~ 20 kg/亩）；

（4）缺钾面积较大的村应该在全区配方施肥建议卡的基础上适当增加钾肥用量（氯化钾 5 ~ 8 kg/亩）；

（5）在种植油菜、莴笋、萝卜等十字花科作物时还需要喷施硼肥（尤其是缺硼面积较大的村），种植大棚蔬菜时喷施硼肥有利于抗病；

（6）全乡有 28% 的缺钼面积，种植豆科作物（蚕豆、豌豆、花生等）时还需要喷施钼肥；

（7）一般不需专门施用硫肥，缺硫地区可以通过其他品种肥料来补充硫，如过磷酸钙、石膏或硫酸锌等。

附件：成果图件

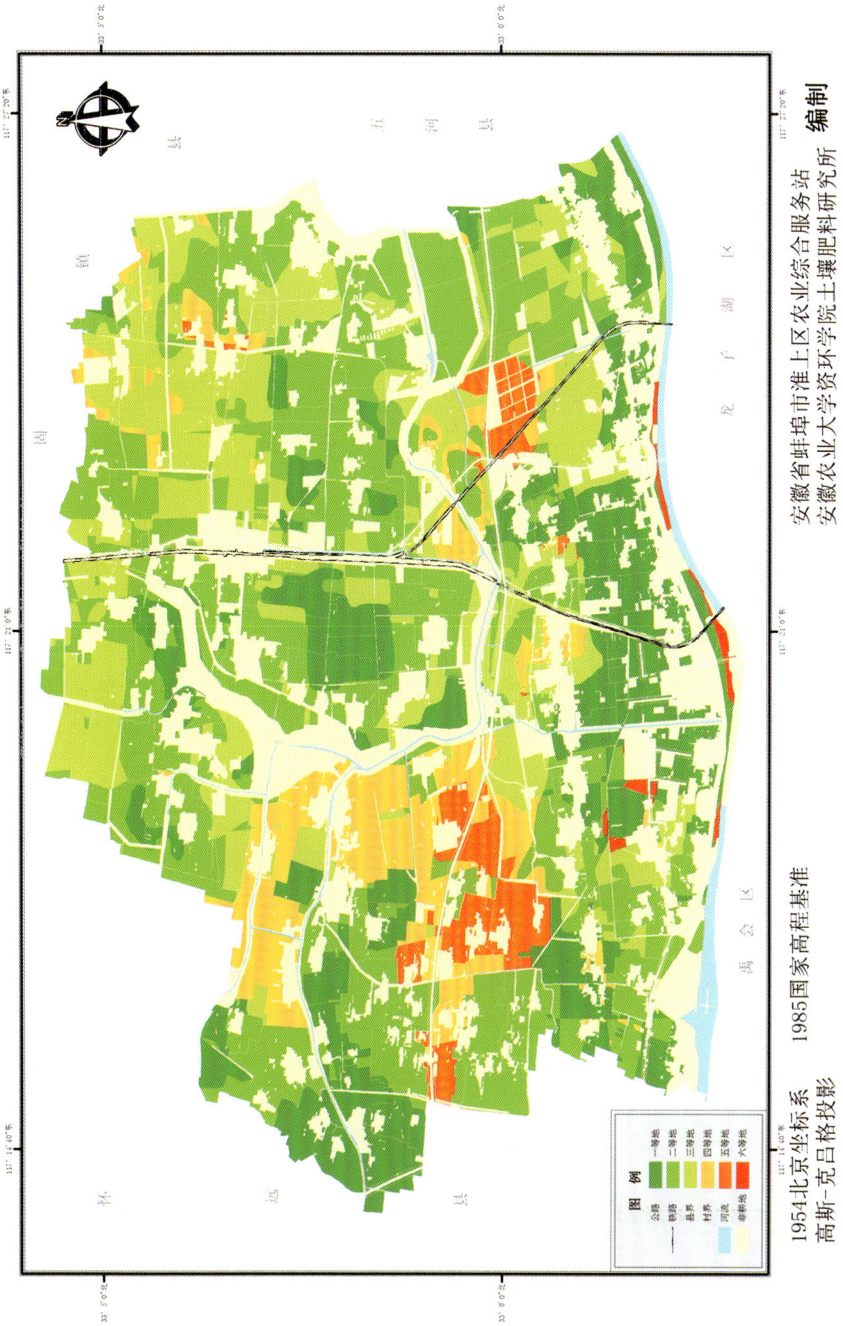

附图1　淮上区耕地地力等级分布图

1954北京坐标系　　1985国家高程基准
高斯-克吕格投影

安徽省蚌埠市淮上区农业综合服务站
安徽农业大学资环学院土壤肥料研究所　**编制**

附图 2　　淮上区采样点位图

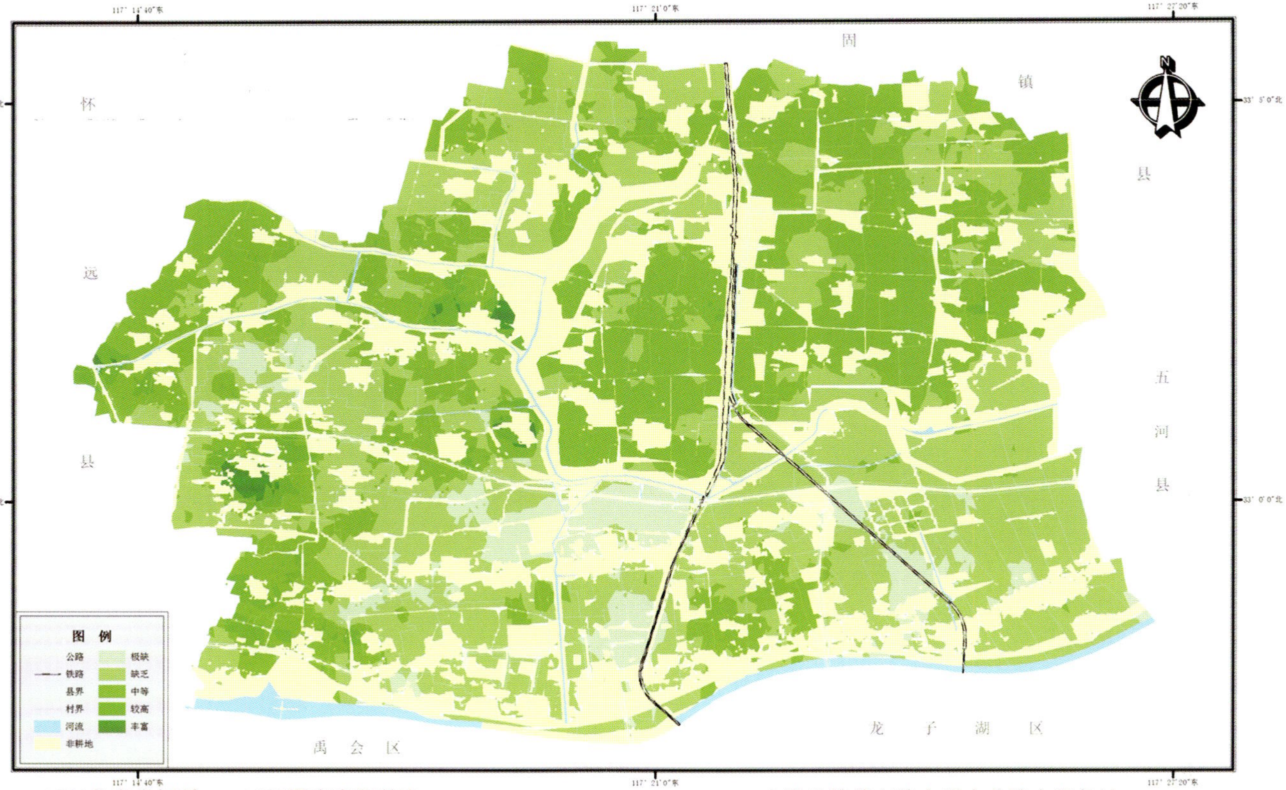

1954北京坐标系　1985国家高程基准
高斯-克吕格投影

安徽省蚌埠市淮上区农业综合服务站
安徽农业大学资环学院土壤肥料研究所　**编制**

附图 3　淮上区土壤全氮含量分布图

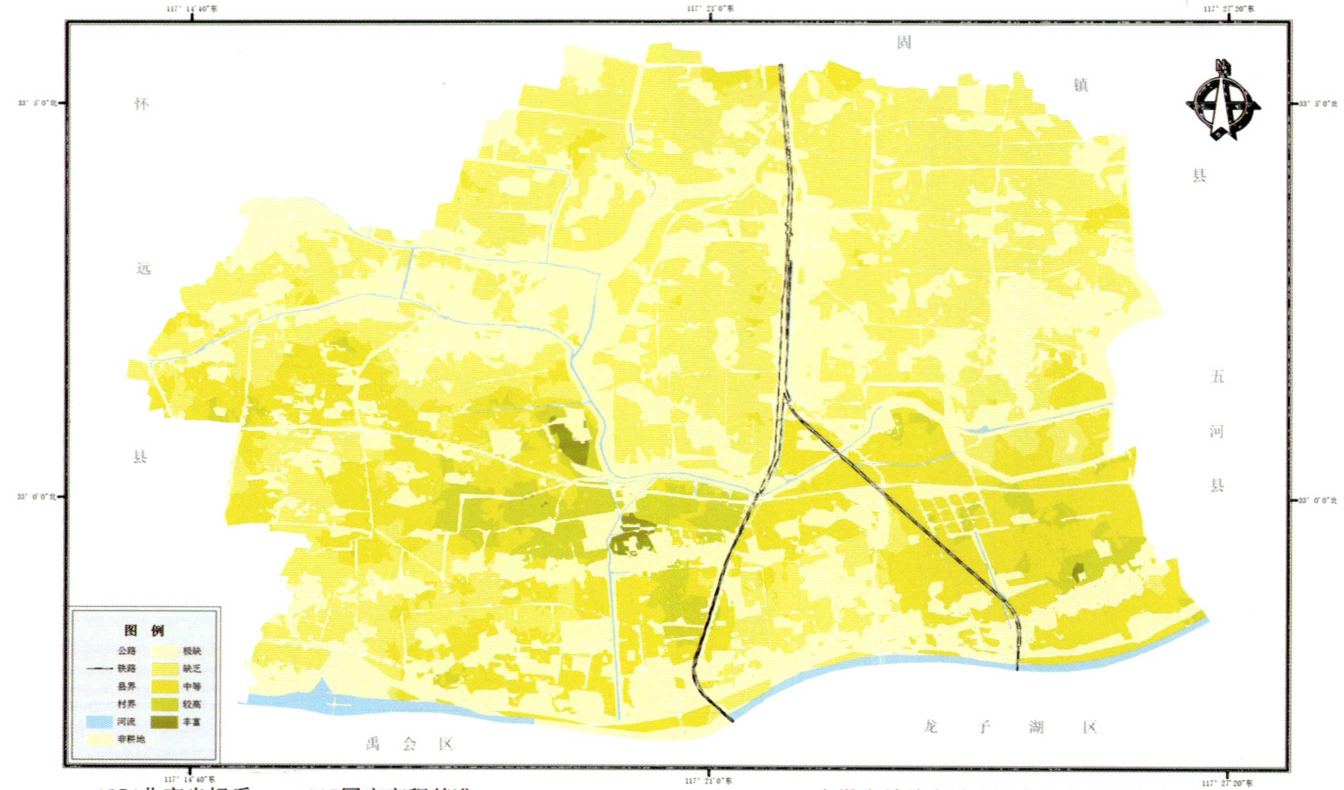

1954北京坐标系 1985国家高程基准
高斯-克吕格投影

安徽省蚌埠市淮上区农业综合服务站
安徽农业大学资环学院土壤肥料研究所 **编制**

附图 4 淮上区土壤速效钾含量分布图

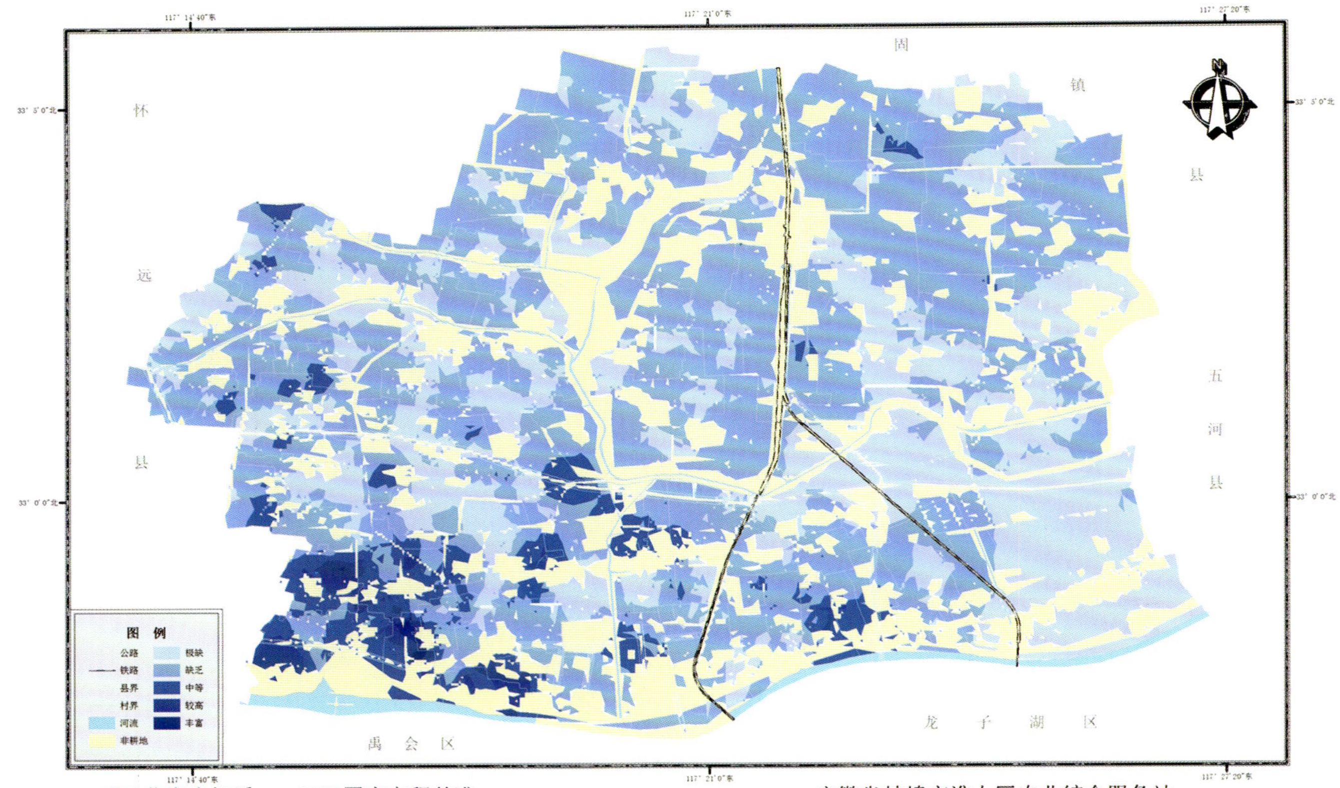

1954北京坐标系 1985国家高程基准
高斯-克吕格投影

安徽省蚌埠市淮上区农业综合服务站
安徽农业大学资环学院土壤肥料研究所 **编制**

附图 5　淮上区土壤有效磷含量分布图

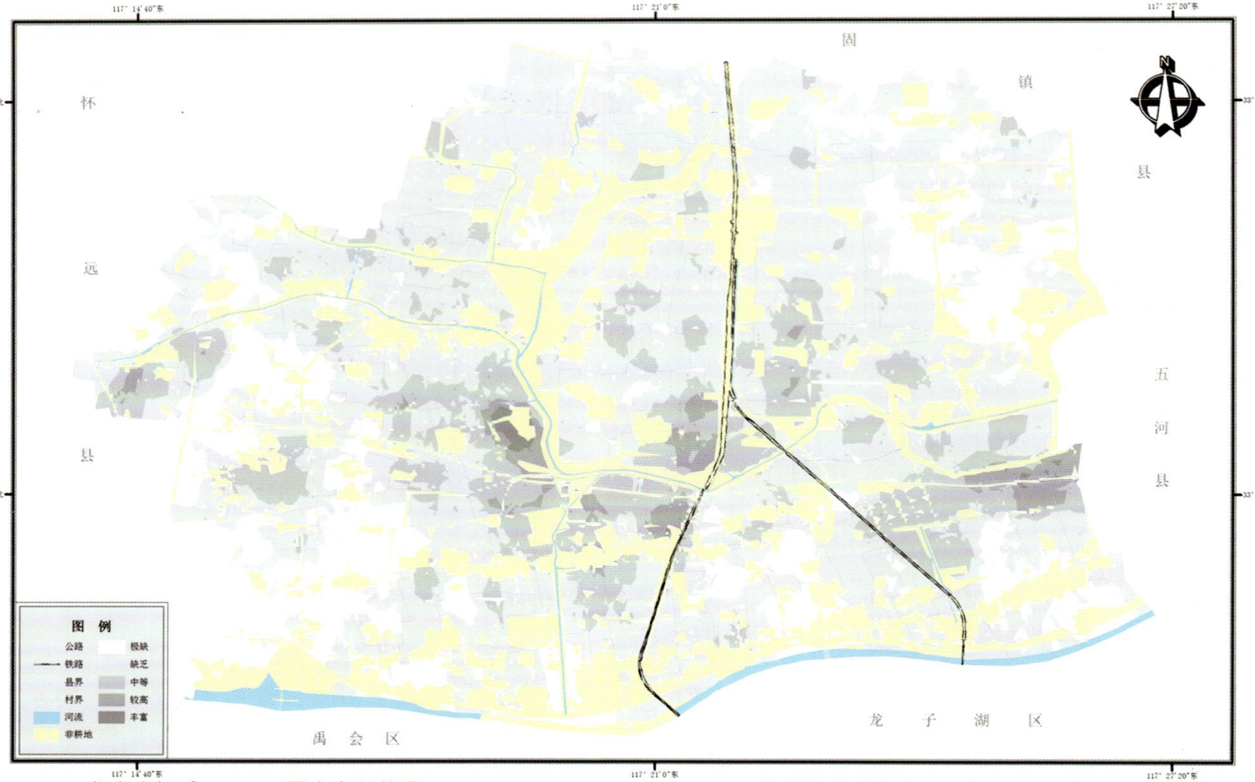

1954北京坐标系 1985国家高程基准
高斯-克吕格投影

安徽省蚌埠市淮上区农业综合服务站
安徽农业大学资环学院土壤肥料研究所 **编制**

附图6 淮上区土壤有机质含量分布图

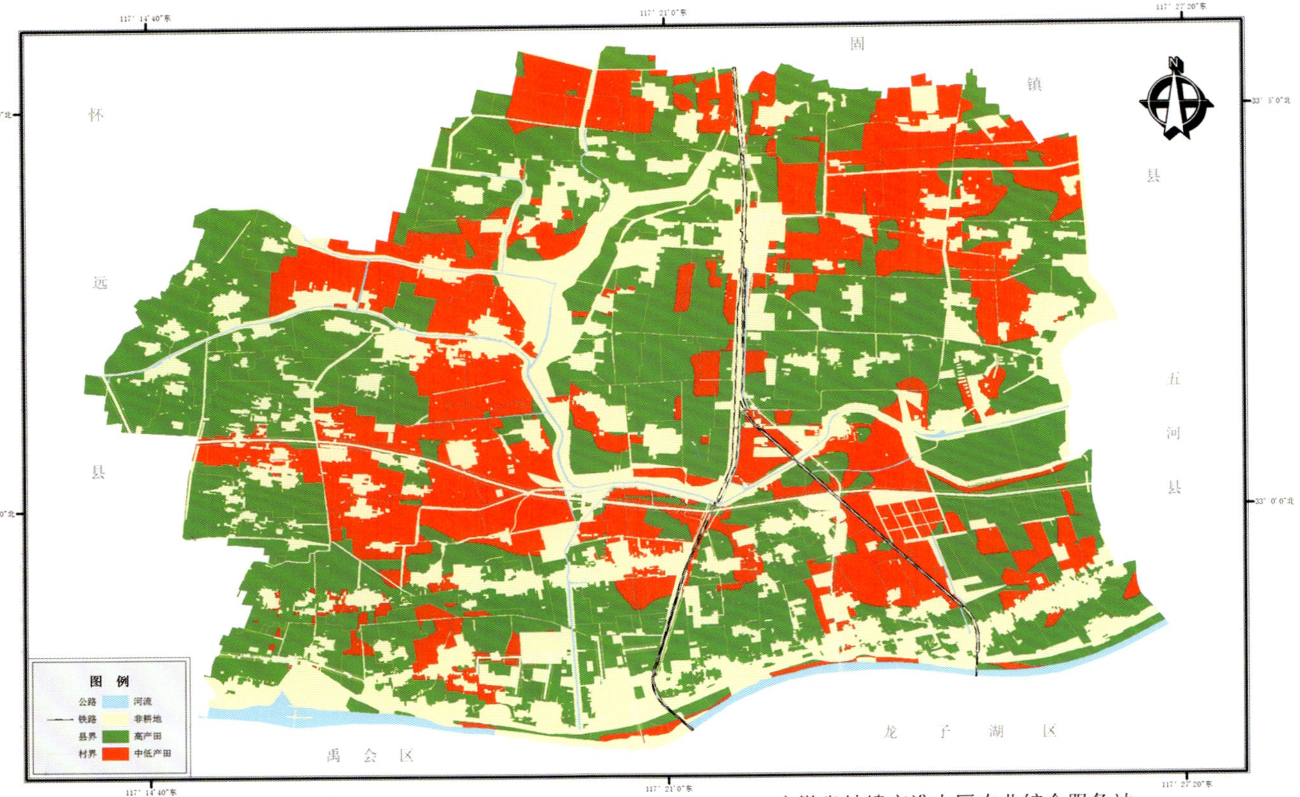

1954北京坐标系　　1985国家高程基准
高斯-克吕格投影

安徽省蚌埠市淮上区农业综合服务站
安徽农业大学资环学院土壤肥料研究所　**编制**

附图 7　淮上区中低产田分布图

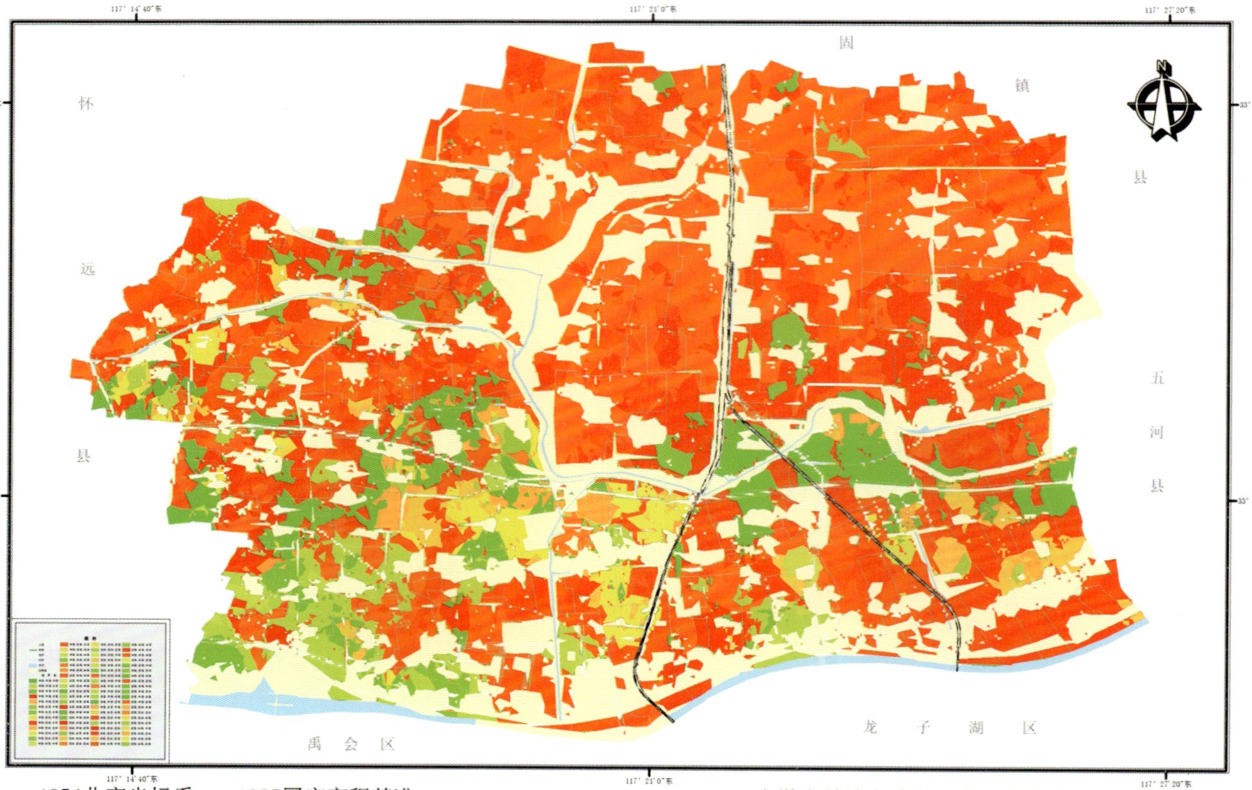

1954北京坐标系
高斯-克吕格投影

1985国家高程基准

安徽省蚌埠市淮上区农业综合服务站
安徽农业大学资环学院土壤肥料研究所 **编制**

附图 8　淮上区土壤养分丰缺等级图

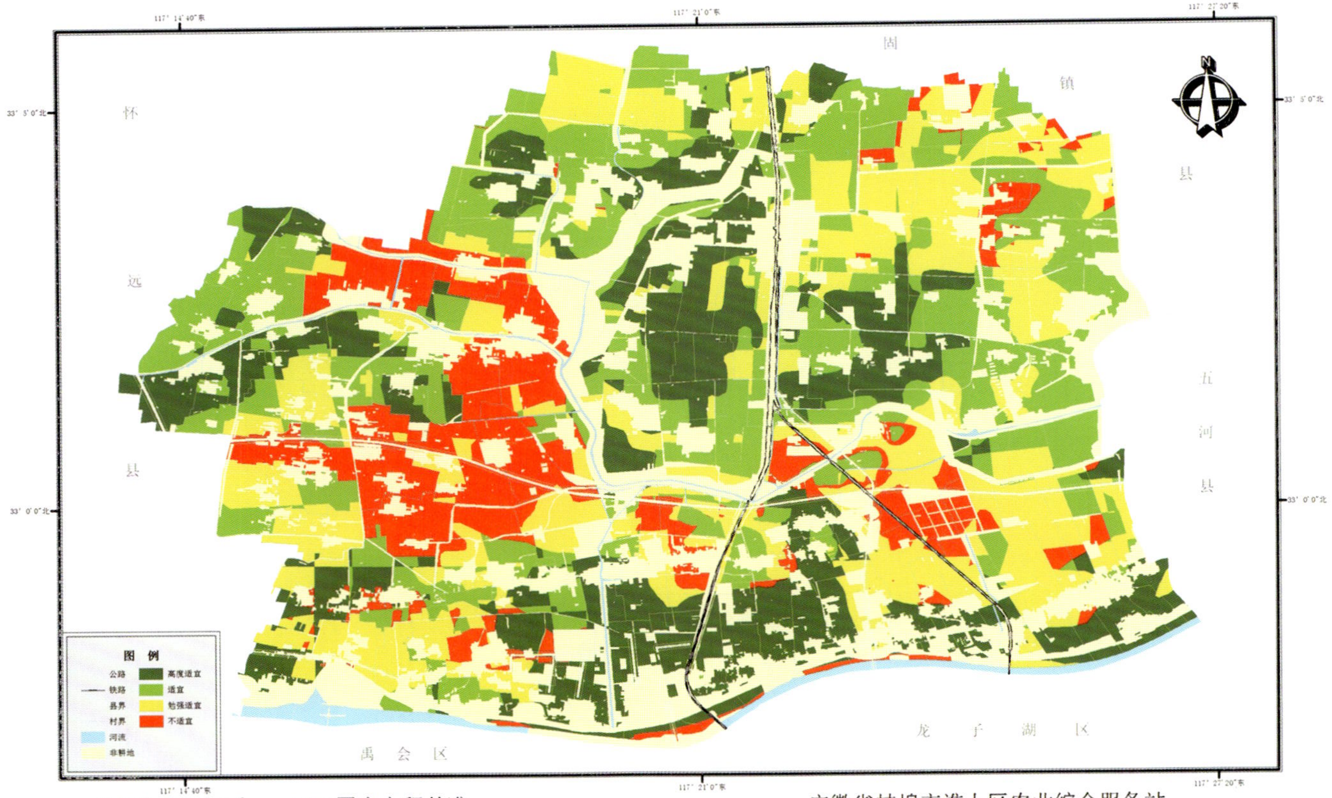

1954北京坐标系　　1985国家高程基准
高斯-克吕格投影

安徽省蚌埠市淮上区农业综合服务站
安徽农业大学资环学院土壤肥料研究所　**编制**

附图 9　淮上区水稻适宜性等级分布图

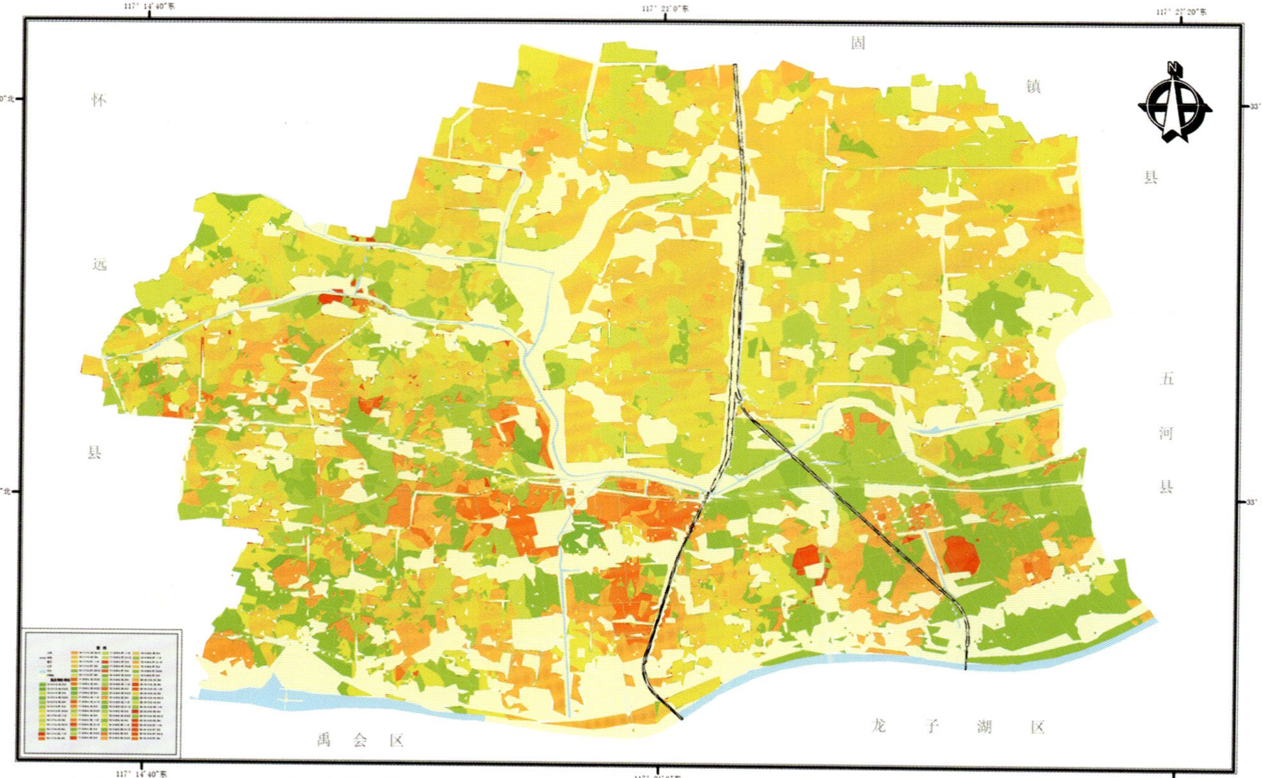

1954北京坐标系　1985国家高程基准
高斯-克吕格投影

安徽省蚌埠市淮上区农业综合服务站
安徽农业大学资环学院土壤肥料研究所 **编制**

附图 10　淮上区粳稻（550 ~ 650 kg / 亩）施肥分区图

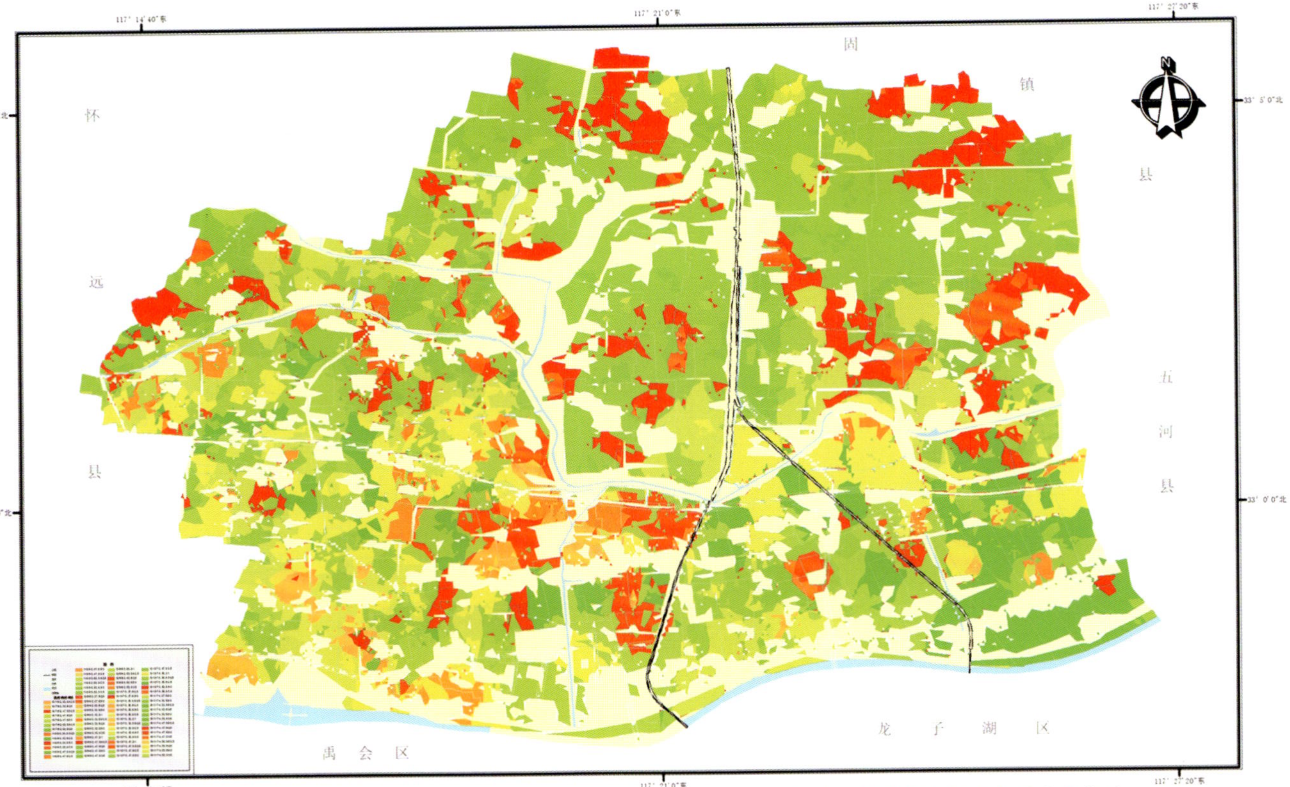

1954北京坐标系 1985国家高程基准
高斯-克吕格投影

安徽省蚌埠市淮上区农业综合服务站
安徽农业大学资环学院土壤肥料研究所 **编制**

附图 11 淮上区籼稻（550 ~ 650 kg ／ 亩）施肥分区图

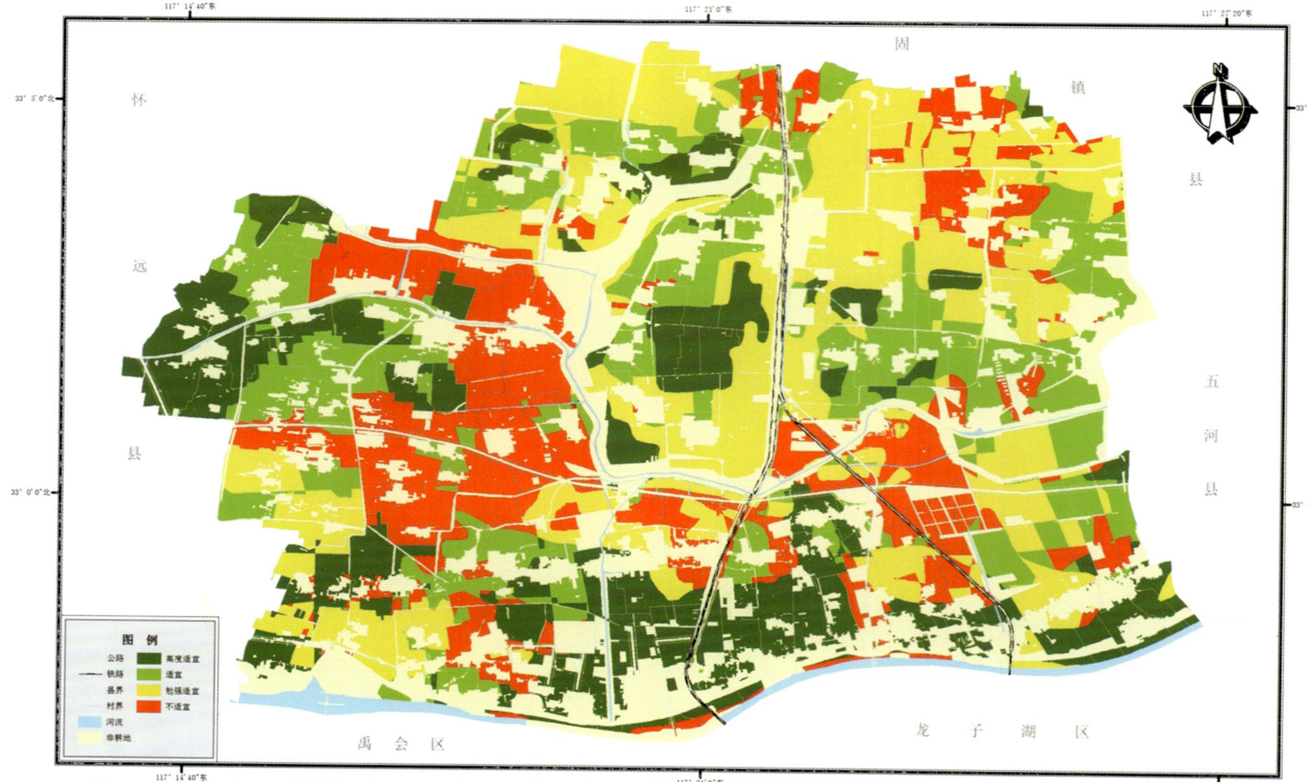

1954北京坐标系
高斯-克吕格投影

1985国家高程基准

安徽省蚌埠市淮上区农业综合服务站
安徽农业大学资环学院土壤肥料研究所 **编制**

附图 12 淮上区小麦适宜性等级分布图

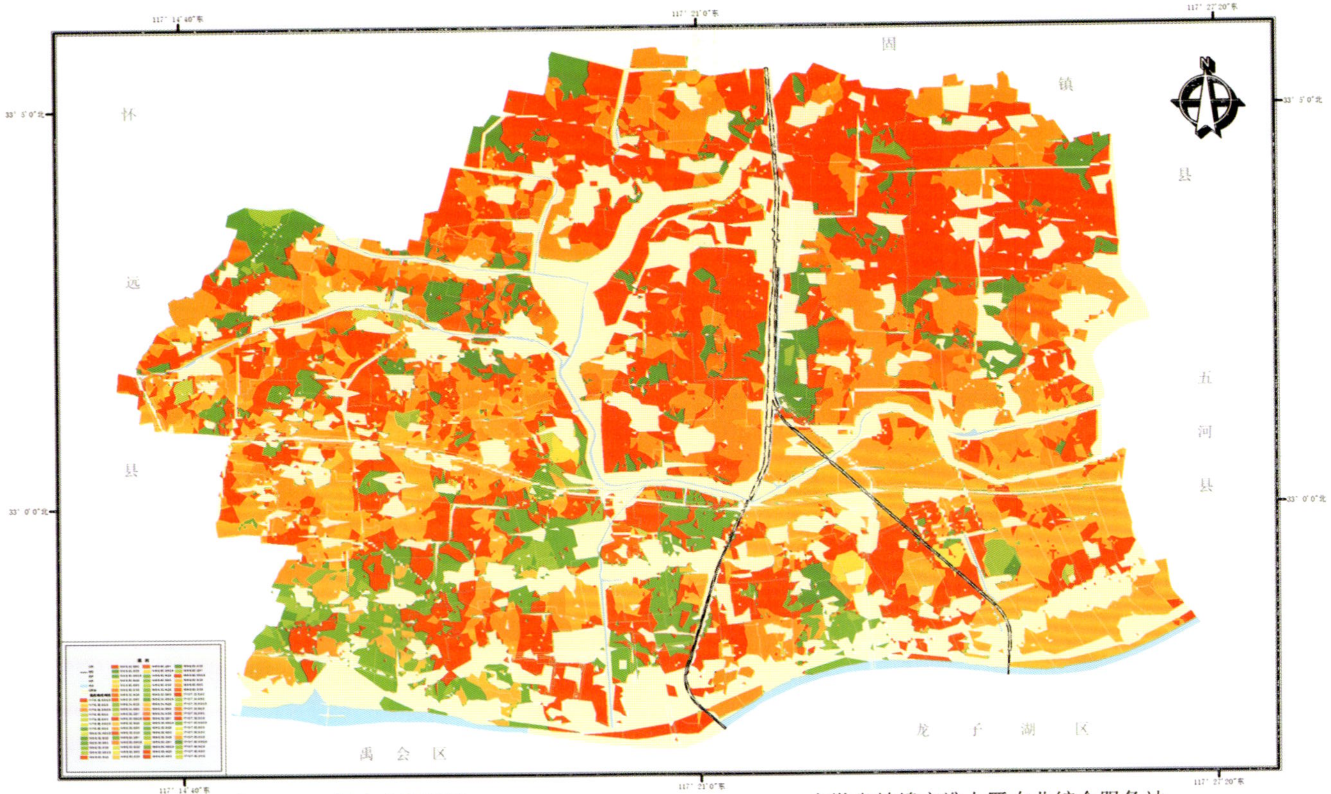

1954北京坐标系
高斯-克吕格投影

1985国家高程基准

安徽省蚌埠市淮上区农业综合服务站
安徽农业大学资环学院土壤肥料研究所 **编制**

附图 13　淮上区稻茬小麦（400 ~ 450 kg／亩）施肥分区图

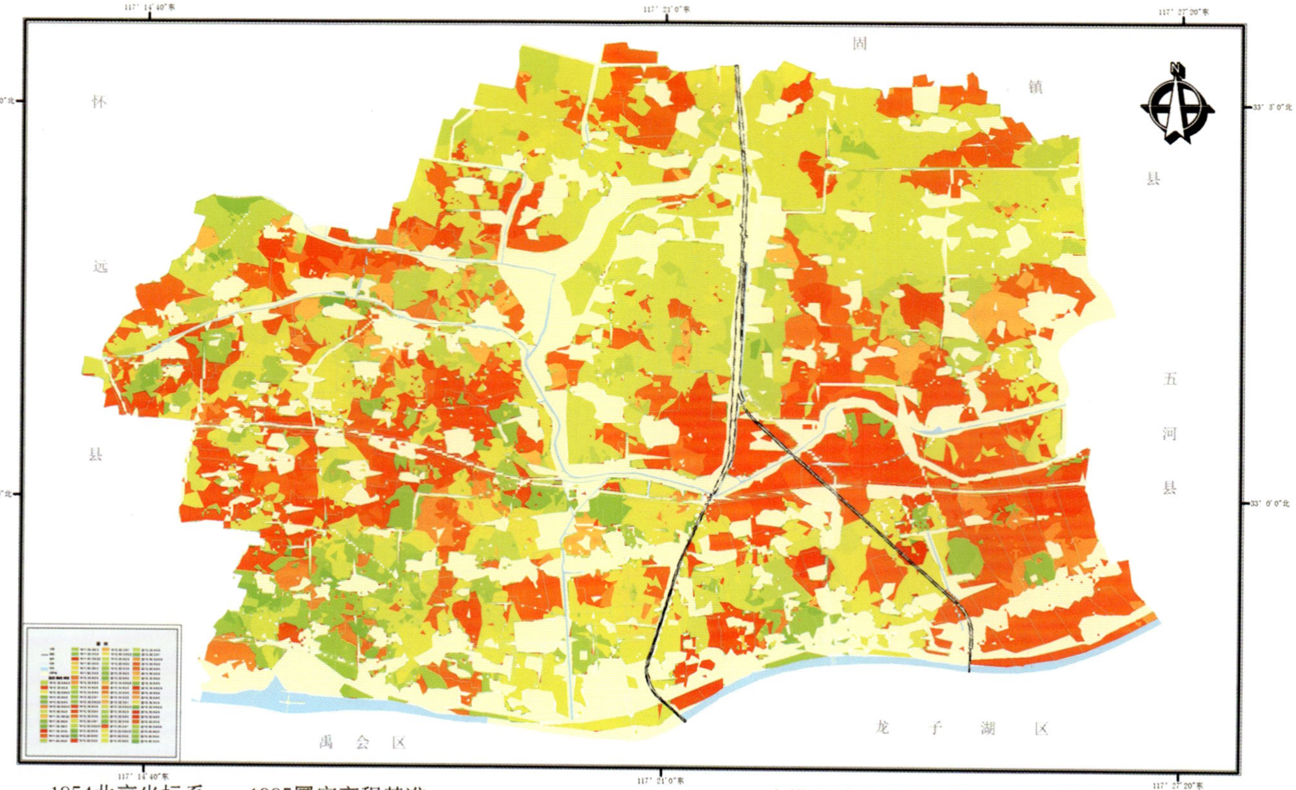

1954北京坐标系
高斯-克吕格投影

1985国家高程基准

安徽省蚌埠市淮上区农业综合服务站
安徽农业大学资环学院土壤肥料研究所 **编制**

附图 14　淮上区旱茬小麦（500 ~ 600 kg / 亩）施肥分区图

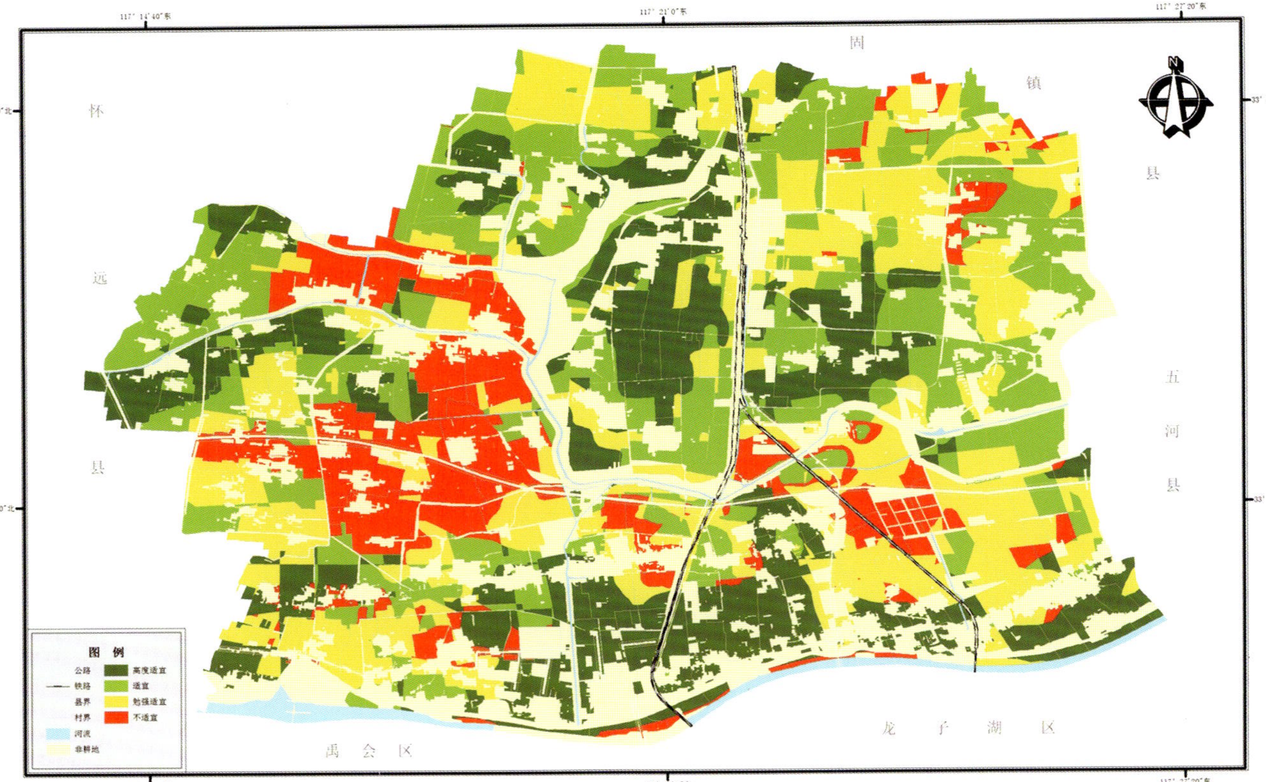

1954北京坐标系
高斯-克吕格投影

1985国家高程基准

安徽省蚌埠市淮上区农业综合服务站
安徽农业大学资环学院土壤肥料研究所 **编制**

附图 15 淮上区芹菜适宜性等级分布图

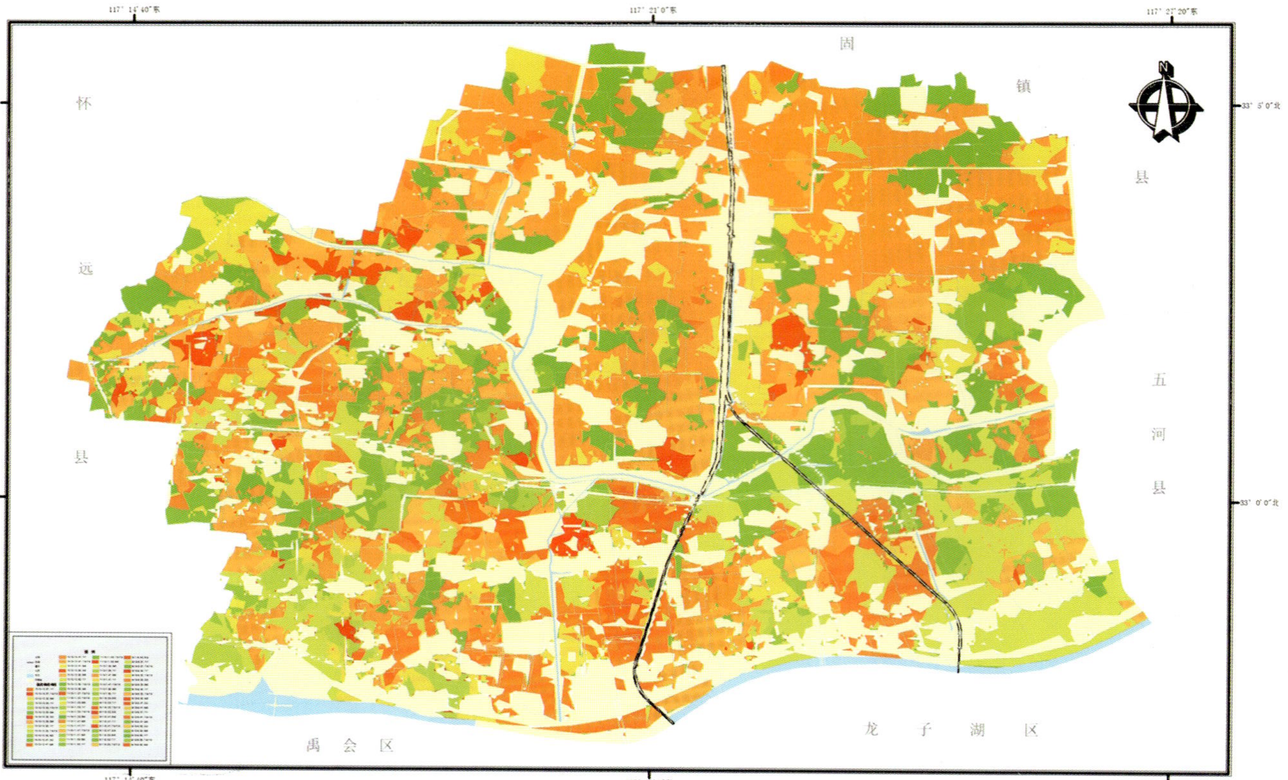

1954北京坐标系　　1985国家高程基准
高斯-克吕格投影

安徽省蚌埠市淮上区农业综合服务站
安徽农业大学资环学院土壤肥料研究所　**编制**

附图 16　淮上区春芹菜（4 000 ~ 5 000 kg / 亩）施肥分区图